新潮新書

三浦知良
MIURA Kazuyoshi

カズのまま死にたい

851

新潮社

プロローグ——僕が現役生活に別れを告げるとしたら

ほの暗い闇の中を、仲間とともに走り始める。朝6時。湿り気を含んだ風に背中を押され、心拍数がほどよく上がり始めるとともに、頭上の月が消え、うっすらとグアムの夜が明けていく。

冬のたびに自主トレで訪れているグアムは、僕がいちばん、ほっとできる場所だ。ここで何にも邪魔されずにトレーニングに打ち込んでいるうちに、自分というものが一新され、まっさらな充実感を手にすることができる。

オフでしばらく休んでいると「そろそろグアムにいきたいな」とそわそわしてくる。グアムに通い始めたころは、来てもすぐに飽きていたんだけど、最近は10日でも20日でも、いくらでも飽きずにここにいられる気がする。まったく長く感じない。

ビーチからも、にぎやかな繁華街からも離れた丘の上にあるトレーニング施設。トレーニングのことだけに最適化された場所、そこが僕たちにとっての「グアム」。観光客でにぎわう海岸沿いなんて、まだ一度も足を向けたことがない。

ここにきて何がいいかって、年齢を忘れられることなんだ。トレーニングで負荷をかけていく。うめき、それを乗り越え、を繰り返すうちに「俺はもっとできるんじゃないか？」というポジティブな気持ちが高まっていく。そうやって自分と向き合っている間、僕は自分が何歳であったかということを、すっかり忘れてしまう。10代にしたのと同じことをしているうちに、あの頃に戻っていく感覚に陥る。40歳のときも、45歳のときも、50歳のときも、そうだった。

「ムイト　アグア　マータ　プランタ、カズ！」

去年1年間、ことあるごとに、所属する横浜FCのブラジル人フィジカルコーチからたしなめられた。チームの全体練習が終わり、もう少し体を追い込みたい僕がチューブトレーニングをやろうとする。すかさずフィジカルコーチが、さっきの言葉を投げかけて僕を制止にかかる。ひとりでは手に負えないとみたのか、隣の中堅選手の首根っこをつかまえてけしかける。「お前からもカズに言うんだ！　いいか、ムイト　アグア　マータ、プランタ、だ!」

訳すと「水をやり過ぎた植木は、枯れてしまう」。水をやらなければ植物は育たない。でも、水をやり過ぎても植物はうまく育たなくなる。

走っていると気持ちよくなってきて、ついペースを上げたくなってしまう。でも、有酸素運動として脂肪を燃焼させることを目的としたランニングで必要以上に心拍数を上げれば、脂肪ではなく糖分が消費され、練習の目的と効果が変わってしまう。だから最近は、もっとやりたくなる自分を、うまくなだめつつ、抑えながらトレーニングするように気を配っているね。

練習の負荷を上げることが、プレーやパフォーマンスの向上につながるかというと、必ずしもそうでもないことは重々分かっているんだ。ハードワークが「練習をこれだけやったぞ」という自己満足だけで終わりかねない恐れもある。グアムで自主トレに取り組むようになったのは37歳のとき。その年代になって、やり過ぎによる不都合な真実にようやく気づくというのは、なんとも遅すぎるんだけれど。

でも、そうはいっても、もっとやりたく、なるんだよね。

というわけで、ヒデ(中田英寿氏)と飯を食いに行ったりすると苦笑いされることになる。「明日からグアムなの？　カズさん、またやり過ぎるんでしょ」。そう言われてみれば、かつて日本代表のトレーナーにもあきれ気味に言われたものね。「カズさんは、『やらないと気が済まない症候群』です」

ただし弁解するわけじゃないけど、サッカーでも勉強でも夜のカラオケでも、全力でやるからこそ、何事も楽しいと思うんだ。中途半端にはせず、やりきる。

いつでも、頑張れる。どんな状況にも、左右されずにやれる。たとえ雨が降っても、雪が降っても、悔しいベンチ外が続いても。常に「やるぞ」という気持ちを保てていられるのは、どんなときも「やりきってきた」からこそ、それが習慣として身についているからだと思う。全力でやることが、やり方として間違っているときがあったとしても、僕の人生ではそれは生かされている部分があるんだよね。

サッカーも何もせず、気ままにブラブラして、夜の町へ繰り出して遊んでみても、全然つまんないんだ。楽しくない。練習をハードにやって、試合で出し尽くし、やりきるから、それに続くナイトライフも思いっきりエンジョイできる。で、心ゆくまで遊んだら、「……これだけ遊んだら、早くサッカーに戻らなきゃ」という気になってくる。この繰り返しが楽しくてね。だからここ数年、シーズンが終了してしばらくのオフは最初こそ羽を伸ばすんだけれど、じきに「早くグアムに行って、鍛えたいな」となるんだ。

未明に起床して朝走りに出るのが、おっくうに感じるときもある。気が乗らないときも。でもそこで多少苦しくとも、やらないといい思いはできないぞと体のどこかで分かっている。つまり世の中、苦しみも楽しみも紙一重ということだね。


この2020年は横浜FCで13年ぶりとなるJ1をめがけて、駆け出している。

「J1仕様」のトレーニングメニューがあるわけじゃない。舞台がJ1になるからといって特別に何かをするでなく、あくまでいつも通りで臨んでいる。ただ、J2から上がってきたチームがJ1に挑むのは簡単なことじゃない。チームとして自分たちが背伸びをするのか、普通でいくのか。どちらか一方ではダメで、バランスが難しい。

自分についていえば、やれる準備を尽くし練習をやりきったとしても、やったことすべてが百パーセントの成果として返ってくるとは限らない。それがすなわち「年齢」というものなのかもしれない。負荷をかけないのも不安になるし、かけ過ぎてもリスキーになる。このバランスとも、今の僕は戦っている。

ただ、楽しさという面では昔よりも増している気がするんだ。若い頃はエネルギーが有り余っていて、何でもできちゃう。何をやっても疲れない。むちゃをしても、寝不足でも飲み過ぎでも乗り切れちゃう。そうしたことが一つ一つ、そうはいかなくなってくる。一つに全力を注ぐと、その次も全力で、とはいかない。そうなるとよけいに一つ一つが大事になってくる。練習でも遊びでも、一つ一つを重く感じるし、「これが本当に大切なんだ」とかみしめるように向き合っている。一つにかける思いが強くなって、10年、20年前とは違った充実感があるというか。

もし、35歳のとき、サッカーよりも興味があることができていたら、そこでスパッと引退していたと思うんだ。サッカー関連の商売で一もうけしたいとか、企業を興して事業に乗り出したいだとか。みんな、そういうのがあるじゃない？ ………ないんだよ、僕は。プレーヤー・オンリー。サッカーをやることは大好きでも、サッカーを研究することは特段したことがないもの。

「もうグアムには行きたくないな」と感じ始めたときなんだろうね。僕が現役生活に別れを告げるとしたら。

かつて横浜FCで関わった選手たちから、通話アプリ「LINE」などでメッセージを受け取ることがある。「チームで一緒になるまでは、カズさんはベテランによくあるように、別調整しているのかと思っていました。あんなに毎日、練習しているなんて思わなかった。一緒にやってみて、毎日どんなことがあっても手を抜かないカズさんの姿勢、ほんとに勉強になりました。自分にとって、それが財産です」。本当にうれしい。

ここまでやってきて、あるいは「やり過ぎて」、結果として間違っていたこともあったかもしれない。でも、そういう反応をいただけるということは、人生としてはそれほど間違ってはいなかったということだよね。僕はそう思いたい。結果が出る、出ないは、また別の次元にあることだから。

ブラジルでプロになってから、自分自身をここまで、こうやって自分で作り上げてきた。でも昨日はあくまで昨日、昨日までの実績は過去のものでしかない。今日からまた、新しい自分をつくっていく。新しい自分と、新しい現実と、僕は戦い続ける。

周りの選手からすると、僕はモチベーションが下がったり、サッカーに対するテンションが下がったりするように見えるときがほぼ、ないらしい。「カズさんは365日、スーパーポジティブですね」だって。なんだか〝バカなカズ〟って言われているみたいだけど、それがいいのかもしれないね。何事も、僕は常に、物足りない。もっとやりたい。やっぱりそれが秘訣ですよ。

「またやり過ぎて。まったくカズさんらしいね」。そんな風に言われながら、走り続けていたい。サッカーが人生に返してくれるものを、楽しみ続けていたい。

カズのまま死にたい●目次

Ⅲ　まだまだこれから――2016年

Ⅵ 「いま」に懸ける――2019年

初出――「日本経済新聞」朝刊（各項末尾の数字は初出紙の掲載年・月・日）。
なお、人物の所属や肩書や年齢等は原則として掲載当時のものです。

I　OH!　ブラジル!!——2014年

3月5日　解体される旧国立競技場で最後の日本代表戦（対ニュージーランドの国際親善試合）が行われた。

6月12日　ワールドカップ・ブラジル大会開幕。**JFAアンバサダーとしてブラジルに派遣される。**

7月13日　ワールドカップ閉幕。優勝はドイツ。

7月24日　日本代表監督にハビエル・アギーレ就任（2015年2月3日解任）。

11月23日　横浜FCは前年と同じ11位でシーズン終了。（3年間監督を務めた）山口素弘監督退任。

12月3日　横浜FC監督にミロシュ・ルス就任。

敬称略　**＊太字は著者自身の動向**

聖地「国立」続くドラマ

「ここでたくさん、プレーしたんだなあ」と思い返しながら、２０１４年3月5日の代表戦を国立競技場で眺めていた。日本サッカーがアマからプロへ移りゆく時代、国立を舞台にたくさんの試合が繰り広げられた時代の、僕はど真ん中を生きたから。

あのピッチで僕は選手として認められた。国立は日本代表を育てた学びやだった。その場所がなくなることの寂しさはある。

ピッチに出ていく前に必ず用を足した、控室横の思い出のトイレをのぞく。変わってないなあ。ただ国際的イベントを催すにはトイレひとつみても広さも数も足りないんだろう。

刷新されて、みんなの手でまた違った歴史が刻まれていくのも素晴らしいこと。パソコンと同じでアップグレードしていくということだね。サッカー選手だってアップグレードしなきゃ現実に対応できない。僕らは昔の思い出に浸っていてはプレーなんてできない。今には今のサッカーがあり、今の考え方がある。体と頭の中身を定期的に更新していかないと、取り残されるどころか、その世界で生きてはいけないんだよ。

僕の国立での国際Aマッチ29得点が歴代最多だという。これ、当時は国立しか代表戦ができる会場がなかったからで、「最多」に意味はないよ。釜本邦茂さんの時代はAマッチが組みにくく、代表はクラブチームとの試合が多かった。それを算入すれば釜本さんのゴールはもっと増えるはず。いまの代表選手も国立だけで試合をしたなら僕に近い得点数を重ねたと思うし、逆にいえば僕は埼玉スタジアムなどでゴールを挙げる時代には恵まれなかった。横浜国際総合競技場では代表はおろか、生涯得点ゼロ。

ただし数字が示すだけのゴールを国立で挙げたのは確か。1991年、トットナムから奪った2ゴール。1992年、ナビスコ杯決勝。1993年と1997年ワールドカップ予選。国立での戦いは自分のキャリアにおいて大切で、今も生きて残っている。捨てたわけじゃない。だからって、それにすがってもいない。新しい国立にもまた限りないドラマが待ち構えていて、歴史は重なり、だからこそ聖地として続いていく。

胸のなかのシャッターを押せばいいんだ。モノや選手の姿形を残せなくとも、心にシャッターがあれば。


（2014・3・14）

サポーターとの距離感

日本人がブラジルのグラウンドに立っただけで笑われる時代があった。30年前、僕もそんな物笑いの種だった。「日本人にサッカーなんてできるのか」と物珍しげに蔑まれ、「ジャポネーゼ」とヤジられバカにされて。日本と海外のサッカーに歴然と実力差はあったけど、すごく気分が悪かったのはよく覚えている。

ブラジルの過激さを日本にも欲しいと思ったころもある。差別や侮辱が当たり前の環境でもまれて僕は強くなった面もあるから。サポーターの熱さがのどかな日本を強くするのではと。

でも言うまでもなく、あの種の差別はもはや許されない。60年前、黒人と白人が恋をして手をつなぐのは異常とみなされた。30年前、フランス代表はＰＫ戦で黒人には蹴らせないとの噂が流れた。いま欧州でアフリカ系選手は実力を認められ、アジアの若者が黒人の音楽を聴く。好きな者同士なら、黒人でも白人でも手をつなぐ。サッカーや人間というものを尊重するなかで、白か黒か黄色なのかは重要でなくなっている。

イタリアのジェノアにいたころ、出場したミラン戦でサポーターが衝突し、ジェノアの観客が亡くなった。そんな抗争をゼロにできなかったセリエAはイメージも悪くなり観客が減ったと聞く。数年前にマンチェスターで観戦したダービー。殺気立つ空気というよりは、サッカーそのものを楽しみに見守る人々が作り出す熱狂があった。

2012年のクラブワールドカップ決勝、コリンチャンスのサポーターは忍ばせた発煙筒を得点と同時に吹き上げ、制止しようと駆けつけた警備員にまで抱きついてキスしたらしい。ほほ笑ましくなる騒ぎぶり。

とはいえ何をしてもOKというわけじゃない。横浜FCの練習場にファンと選手の動線を区別する柵ができた。選手と距離が生まれるとの声もある。ただ練習場は選手やスタッフの生活の中心、家のようなもの。家は誰もがずかずかと入るべき場所とは違う。「サポーターはファミリーの一員」という意見もあるだろう。でも家族の間柄でもルールがあるのは自然なこと。シャワー室を〝家族だから〟って好きに使えるわけではないし。

ちょうどいい距離感というものがあるよね。サポーターとクラブ、お互いに。

（2014・3・28）

飽きずに楽しむコツ

この春に社会人のスタートを切った新入社員のみなさんも、仕事に慣れてくるころにはどこかで壁にぶつかることと思う。壁を実感し始めるのも「慣れてきたから」こそ、というかね。

18歳でプロになった僕も、19歳でベンチ外に甘んじる現実に苦しんだ。21歳のころ「成長できたかな」と実感できたけど、その後もまた壁が。プロの壁、自分の実力のなさ。サッカー選手も成熟するまでに最低3回は壁にぶち当たるね。

最初は悩む。それが日常的になり当たり前になると、悔しさを忘れがちになる。「自分はここまで」と思い、毎日を何となく「こなす」だけになって……。

そこに陥らなかったから僕は長く続けていられるのだろう。何歳であろうとレギュラー争いに敗れれば腹が立ったし、ミニゲームで負けたら大人げなくムキになった。負けるときはある。でも乗り越えられないことに慣れるのはよくない。

ホテルのポーターと聞けば、荷物を運ぶだけの単調な仕事と思う人もいるでしょう。

ラスベガスでこんなポーターに出会った。クルクル踊りながらキャリーケースをはじき飛ばし、ムーンウオークで滑り寄っては、ピピピと笛を鳴らして車を誘導する。マイケル・ジャクソンそのまんま。彼はたぶん、どうすれば楽しめるかを考えたんだ。飽きてきそうな物事も、いかに楽しくできるか。この姿勢は大事だよね。楽しげな彼は周囲も楽しませている。

サッカーの練習は毎週毎週、それほど代わり映えするものでもない。端から見れば似たようなことの繰り返し。「飽きないの?」とよく聞かれるけど、飽きないね。こんなやり方もあるのかと、毎回喜びがある。なんでうまくできないのかと、毎日悔しさがある。ヨーロッパで活躍する日本人選手も同じじゃないかな。

「ここをこうしよう」「もっと良くしたい」という意識があればマンネリの余地はない。あしきマンネリや惰性の芽は、自分で作っていることが多いんだ。サッカーの根本は昔のまま。ただし組織が重視されフィジカル面も強調され、アプローチは少しずつ変わっている。だから新しいものも日々見つけ得る、そんな新鮮な気持ちでやっています。好きとはいえ、依存症ですね。でも悪い症状でもないでしょう。

(2014・4・11)

違う角度で見てみよう

体を痛めてリハビリの日々が続いている。試合に出る前の段階、いい練習がなかなかできない。こういう我慢のときは一番つらい。それでも一喜一憂しすぎず、ネガティブにならずにやっていくしかないね。

疑惑や事件、ニュースを見ながら考えたことがある。「あり得ない」と議論を呼ぶ出来事を、「こういうこともあるんだ」という角度で見てみようとする習慣が僕にはある。

昨年のプロ野球日本シリーズ。一緒に見た知人が「なんで巨人はあんなに打てないんだ」と嘆いた。僕はアスリートだし、違う見方をする。「だってプロが投げてますから」。相手の楽天側もリーグを制した投手が弱点を研究して投げる。打てないのも考えられなくない、と。

サッカーの代表についてもそう。「弱い。つまらない」と言われる試合でも、「力ある選手が集まってこうだから。相手が強い」という観点で見る。あんまり一喜一憂しない。ファンがそんな風に試合を見てしまうと、一喜一憂できなくて楽しめないんだろうけど。

人間、「自分」はよく見えないんだ。横浜FCが1点差で逃げ切った某試合。「寄せられたのは分かるけど、なぜつながず適当に蹴っちゃうんだよ」と控室で不満を述べた味方がいた。終盤に出場した僕の目には、彼自身もつながず蹴っていたように見えてね。

ジェノアに渡った20年前、イタリア人は誰もイングランドリーグの成績など気にもしなかった。今ではイングランドの上位3チームなら日本人でも答えられる。でもそれはイングランドやスペインに限ること。コロンビアやブラジルリーグの順位、言えますか?

ワールドカップ日韓大会の年でさえ、欧州で会ったイングランド人は日本の話題になると「日本にサッカーあるのか」という感じだった。この20年、日本のサッカーは世界で前例がないほど進歩した。ただし自分たちが思うより、まだまだ日本を知らない人は多いよ。

日本が真ん中、アメリカが右側、ヨーロッパが左端に並ぶおなじみの世界地図。子どものころ、日本は世界の中心だ、すごいと思っていた。あれはあくまで日本からみた位置関係。見慣れた地図から離れてみよう。自分の立つ位置からだけで物事をみるのは、良くないですよね。

(2014・4・25)

たたかれてナンボ

「このゴールで日本代表に近づいた」「こうゴールに見放されては代表入りも遠ざかる」。5月12日のワールドカップ（W杯）日本代表メンバー発表を前に、そんな論調を目にする。例えば柿谷曜一朗選手（セレッソ大阪）がリーグ戦10試合得点なし、などと騒がれる。この時期、選手は意識もするしプレッシャーもあるだろう。

ただね、日本で10試合続けて点を取れていないFWが一体どれだけ多くいると思う？話題になるのは柿谷選手だけだよ。こんな「幸せなこと」ないんじゃないかな。Ｊ2の僕らは意識して自分で探さないと何かを言われていることさえ分からない。代表クラスになると、インターネットで何か検索しようとしたらトップページにニュースが出ちゃう。見たくなくても目に入る。これって、選ばれた人たちだけなわけだから。

僕もかつて得点から遠ざかった時期がある。報道を目にすると気分がいいものじゃなかった。人間だから気にもなる。でも、騒がれるのを含めて自分の役割だと考えるようになった。調子がよくて持ち上げられるときだけでなく、たたかれたとき、初めてその人の価値が見えてくるというか。

得点してもニュース。得点しなくてもニュース。そんなプレッシャーと注目にさらされる彼らが「いい選手」への道を歩んでいく。

4年前。前年の2009年に鹿島で3連覇し、MVPにもなった小笠原満男選手はそれでも選ばれなかった。その国で最も優秀とされた選手が代表に入らない、というのはブラジルではまずない。「いい選手だからフィットするに決まっている」。これがブラジル的考え方。「彼が自宅でW杯を見ることほど悲しいことはない」と鹿島のオリベイラ監督が嘆いたのも理解できる。

それでも代表監督は自分の理想、戦術、選手の組み合わせを考え抜いて自分の目で決断する。出場をかけて、その選手が人生をかけてやっているものをふるいにかける。これも大変なことだ。コンピューターが無作為に選ぶわけじゃない。選ぶ側も感情ある生身の人間だから。

舞台に立てて喜ぶのもサッカー人生、悔しさを味わうのもサッカー人生。代表に選ばれなかったからといってそこで終わるわけではないし、W杯に出ればそこで終わるわけでもないよ。

（2014・5・9）

大丈夫、なんとかなる

原因不明の痛みがいつ消えるのか、先の見えないまま別メニューを続けて3カ月になる。「試合のピッチに立つぞ」。意欲だけで僕は動いている気がするよ。

雨に打たれながら独りの闘い。ダッシュ、ターン、200メートル走って40秒のインターバル。延々と繰り返す。きつい。息が上がって限界。痛いところが切れそうだ。そんなとき、つぶやきながら僕は走っている。「試合に出る。出るんだ」「痛くない、痛くない。痛みなんて気のせいだ」……。

ワールドカップ（W杯）代表入りした欧州組のハセ（長谷部誠選手）や吉田麻也選手も、大会前の大けがや手術で似たような不安と戦ってきたのだろう。ハセとは3月ごろ食事を共にした。お互いリハビリ中の身だったので、僕の自宅で。

「やれるに決まってるよ、絶対」「ぶっつけ本番でも絶対大丈夫だ」。根拠を問われても困るけど、ハセにはそう繰り返した。「1994年W杯でイタリアDFバレージは2戦目に半月板を損傷し、手術し、でも決勝に出ているんだ」。彼は戻った決勝で延長戦まで戦い、PK戦のPKも蹴った。MVPといっていい。

香川真司選手や本田圭佑選手が所属先で出番が少なかった、と危惧する声がある。心配ないよ。2人は休んでいたわけじゃない。世界的な名門で高いレベルの選手と日々練習し、定位置を争ってきたわけで。出ないよりも出られた方がいい。でも、出てないからといって即「ダメ」でもない。ものは考えようなんです。「すべてをプラスに変えていけばいい」。本田選手が語った通りだよ。自分ができたことは次につなげられるし、できなかったことも次へ生かすことはできる。

日本が初出場した1998年W杯、対戦したアルゼンチンとは技術・経験ともにものすごく開きがあった。でも結果だけ見れば0－1だ。たとえ力の差があってもサッカーはどうなるか分からない。今大会もブラジルだって1次リーグ敗退の可能性はある。日本が3連勝してもおかしくないし、3連敗でも驚かない。

だから「大丈夫」と言い聞かせ、自分を信じ込ませるのも大事なんだ。見限らずに信じることが力となり得るからだ。繰り返します。大丈夫です。代表の欧州組がもう一度輝くのも、僕が再びピッチに立つのも。


（2014・5・23）

勝つために全てを。練習試合と本番は別

ブラジルにいたころ、親しかった女性はサッカーにまるで興味がなかった。関心があるのは僕の出る試合だけ。

そんな彼女が1990年ワールドカップ（W杯）決勝トーナメントでブラジルがアルゼンチンに敗れた途端、がっくりうなだれた。茫然自失、ショックで抜け殻のよう。「やっぱりこの人もブラジル人なんだ」と妙に納得した。そしてセレソンはそれだけの存在なんだ、と。

でも、さすがはブラジル人。すぐ悲しみも忘れてハッピーになれる。「4年後があるわ」。立ち直りも早い人たちでね。

ともあれ、ブラジルという国はサッカーで生きている。その頂点にあるW杯の存在は計り知れない。

「メッシとマラドーナ、どちらが偉大か」という議論がよくなされる。でもサッカーのスタイルも置かれた状況も異なるから本来は比べられない。そこでブラジル人はどうす

るかというと、「W杯に何回出たか」「何回優勝したか」「何点取ったか」との数字を指標にする。

「ペレはW杯に4回出た。生涯で1000点以上得点した。ネイマールはどうだ?」

そして試合の結果や内容を求めるサッカーへの社会的な要求である「コブランサ」も、とてつもない。それが選手を強くもするし、ネイマールは1試合無得点なだけで〝絶不調だ〟とされてしまう。

日本代表は壮行試合、コスタリカ戦にも勝った。ただこれら練習試合の結果は、本番とはまったく関係ありませんので。

横浜FCの話。今季開幕前にJ1鳥栖と練習試合をした。手応え十分で「鳥栖、強くないよ」と選手は口々に言う。いま横浜FCはJ2 18位、鳥栖はJ1で2位。同じくプレシーズン、知人はJ2磐田を見て「すごく強い」という。選手個々はJ1級だから。でもふたを開ければ9勝4分3敗と思いのほか苦しむ。これは当たり前なんだ。

練習試合なら相手も自分たちのやりたいサッカーをしてくる。本番は違う。磐田のいいところを全部潰し、自分の良い部分も出そうとせず、ミス待ちでも1点、いや勝ち点1を狙う。守備しかさせずに試合をぶち壊すのも辞さない。磐田はやりにくくてしょうがない。本番は別物。横浜FCや磐田はそのまま「W杯代表」に置き換えられるよ。

そんな本番直前のいまは、頭と体をリフレッシュして自分を百パーセントにする準備のことだけ考えてほしい。無理に「力を高めよう」と考えなくていいし、残る1試合の親善試合が不出来でも不安なんて感じなくていい。「早くサッカーがしたい」。そう心から思える状態にもっていくことだ。

「勝たなきゃ『いけない』という試合は一つもない」。ブラジル時代、ある監督はそう言った。試合は水物。相手が上回れば勝てないときもある。だから義務を背負うべきものではない。「そこで君たちのすべきことは、勝つためにすべての努力をすることだ。勝つ『ために』やるんだ」

勝つために全力を尽くそうとする日本代表を応援してください。僕も30年近く前にアウェー戦で乗り込んだレシフェへ再び飛んで、代表のすぐそばからエールを送ります。

（2014・6・6）

ブラジルで学んだこと

日本サッカー協会のアンバサダーという形でブラジルのワールドカップ（W杯）にかかわれて、有意義で充実していました。レシフェにサンパウロ、サントスへと、キツキツの日程の合間を縫ってトレーニングの時間をはめ込んでいく。なかなかの綱渡りで、あっという間に「大使」役の1週間は過ぎた。

足を向けた場所の一つに、ファベーラ（貧困街）の教育施設がある。教育から遠ざけられた境遇の子どもたちが、日本からの支援で英語を学んでいた。「英語、話せますか？ ベルメーリョ（ポルトガル語で赤）は何色？」。聞かれた僕が英語で応じると「あなた、発音悪いです」と駄目出しされてしまいました。綺麗に整った部屋にいると、そこがファベーラであることを一瞬忘れてしまう。僕がブラジルにいたころは想像できなかったことだ。

「アンバサダーって一体何？」と不思議に思った人は多いだろう。引き受けた僕自身もそう。

そこでこう考えた。アンバサダーなるものを自分でつくっていこうと。役割とは人から与えられるものではなく、自分でつくるものだ。足をとどめることなく、様々な日系人社会に顔を出し、多くのつながりをつくれたよ。自分で行動を起こすことで生まれてくる何かがある。

今回、日本は「自分たちのサッカー」にこだわった。自分たちのサッカーで勝たねば、価値も進歩もないのだと。代表選手だけでなく、僕も含めて、見守る日本全体がそうだったはず。

ただ、W杯は自分を披露すればいいだけの場ではなかった。ときには自分を捨てても死守すべきものがあった。負けないこと、勝ち点1ポイントに徹することで何かが生まれることもある。

理想にこだわるのも、離れることも大事。それがブラジルという教室で日本が学んだことじゃないだろうか。

次回の本番へ、あの3試合を戦った選手たちはあそこで経験したことを発信してほしい。プレーだけでなく、形ある言葉で語り継いでほしい。そうすることで日本は大きくなれるはずだからね。

いろいろと勉強になったW杯だったから、終わってしまったのが名残惜しい。いいですよね、街中が浮つく、ブラジルのあの空気。もう一度ブラジルでやってほしいです。十何年後、4年後といわず、今すぐに。

（2014・7・25）

サントスのよしみ

ブラジル代表のネイマール選手が来日した先日、対談の機会に恵まれた。あれだけ世界的に有名になったのに、誠実で勘違いしているそぶりがない。ポルトガル語で「ウミウダージ」(謙虚さ)。あの人なつっこさ、柔らかな物腰と接し方はサントスで育ったころのままじゃないのかな。

僕もサントスのジュニオール(下部組織)からプロになった。だからペレが大先輩、ネイマールは後輩、という位置づけに間違いはないんだけど、「いえいえ、後輩も何も……」と申し訳なくなってくる。活躍度で比べれば、まばたきにもならないほど小さいから。

それでも対談で、クラブという存在を通じてつながれたのは喜びだった。実に25年前になる僕のゴール映像を2人で振り返る。「これ(本拠地の)ベルミーリョだね?」と彼も楽しそうだ。四半世紀が過ぎても歴史でつながれる。まばたきほどであっても、自分の足跡が功績としてクラブに生きている。「ああ、サントスでプレーした意味とはこういうことなんだ。頑張ってきてよかったな」とこみ上げるものがあったよ。

サントスに住み、プレーしたブラジル選手の多くはあの街から離れたくなくなる。サンパウロからは車で50分ほど。でも山の上のあちらが寒い冬場も、潮風に吹かれるサントスはしっとりしている。熱海のイメージかな。ゆったりと時間は流れ、のんびりしている。その空気はサッカーにも投影される。そこでは「喜びとともにプレーすること」が大事にされている。ピッチで個人の発想が温かく尊重される。サントスの育成はネイマールを筆頭に面白い選手を世に出してきた。若かりし僕もあの空気を吸い込んで大きくなった。

ブラジル人はサッカーでわかり合うことができる。遊びの感覚を失わず、常にサッカーを（つまり人生を）楽しもうとする姿勢がある。ネイマールに「遊びでも、ビーチでもいいので一緒にプレーしたいね」と持ちかけたら「もちろん！」と即答だった。砂浜でもどこでも、ボールがあれば喜びを分かち合えると心底思っている。あれほどのスターでも同じなんだ。

実現したら、ペレ、あなたも一緒にやりましょう――なんて、恐れ多くて大先輩には言えないです。

（2014・8・8）

求む「フィロソフィー」

日本サッカー協会で代表強化に携わる霜田正浩氏とはもう30年近い付き合いになる。ブラジルの地で一緒に留学生チームを結成して戦い、サントスの海辺で将来や夢を語り合ったものだった。

6年近く代表のために奔走してきた霜田氏はいま、代表OBを含めた方々の力で代表を強くすべきだと考えている。外の目に映る代表は、何が足りないのか、何が良いのか。「だからカズにも意見を求めたい。現役に意見役をお願いするのは失礼だ、なんて小さいことにはこだわらない」という。

「僕だけでなく、様々な人に聞くといいんじゃないかな」と僕は答えた。どの時代もマスコミの的になった選手がいる。ヒデ（中田英寿氏）やシュンスケ（中村俊輔選手）、最近なら本田圭佑選手。称賛され、たたかれ、代表の重みを背負ってきた。代表がさらされるプレッシャー、メンタル状態、必要なキャプテンシーとは。彼らだから察することができるというか。

よく、アギーレ新代表監督に「どんなサッカーをしたいのか」との質問がなされる。その問いは協会に向けるべきものだ。どんなサッカーで世界に挑み、何を伝えるのか。フィロソフィーがなければならないのは協会だから。監督でクラブは変わる。でも「監督が代わったらすべてが変わりました」というクラブはもろい。協会も同じ。日本サッカーのフィロソフィーはまだ見えにくいからね。

いまの選手たちは「疑問に思う感覚」を失っているのかな。例えばスポンサーとバーベキューをしろと言われれば言われるままにする。「プロの俺はやらない」という声はあってもいい。しないのが正しいわけではないよ。でもプロがビールつぎまですべきか、クラブは絶対に正しいのか。僕は何事も、疑問を出発点にして自分で考えてきた。

J3の22歳以下選抜チームのメンバーに選出されると、所属クラブがその若手の交通費を負担する。それすら僕は納得しかねる。プロの公式戦なら持ち出しどころか、わずかでも勝利給をはずむのが本来の姿。異議は唱えていいと思うけど。

と、意見を述べさせていただきつつ「アドバイザー」ならたまにで構わないので代表のベンチにも座らせてもらいたいな、と。ふざけた僕の私見であります。

（2014・8・22）

「みそ汁」の誤差埋めよ

アギーレ新監督の日本代表は、監督がほんとに自分の目で見て決めたんだなという感があって、実績の少ない選手も入っている。

ただ、新しく選ばれた選手に大きな期待をかけ過ぎるのもよくない。代表というものを背負い、引っ張る存在になることは大変なことだ。クラブにいるときの1割ほどしか力を出せずに終わる選手は日本にも海外にもたくさんいた。それが代表の難しさ、重みでもあるからね。代表歴の長い選手の行動から「代表とは何か」を学んでいくだろう。

逆にベテランの代表は技術だけでなくハートの部分でもそれを伝える義務があるし、間に立って、アギーレ監督の手助けもしてほしい。

みそ汁と聞いて、どんな味を思い浮かべますか。僕らが思うその味と、「みそ汁が好きで飲んでいます」という外国人がイメージするみそ汁の味とは微妙にずれているときがある。たとえ親日派で日本通の人でもね。僕ら日本人がどれだけパスタを食べてエスプレッソを飲み、「これぞイタリアの味」と納得しても、イタリア人の考えている味とは少しだけど違っているように。この誤差はあって当たり前のこと。

同じことが外国人監督にもいえる。日本人らしさや日本のサッカーを分かっているといっても、少し違う形で理解している場合がコミュニケーションのなかではある。この誤差を埋めていく作業が大切。

海外でのプレーが長い選手はそうした誤差に直面してきただろうし、擦り合わせていく能力も高い。その意味でも彼らはまだ「過去の人」ではなく、中心を担えるはずなんだ。代表が新しくなったこの時期は特に。

J1で首位争いをし、個人の実績もあって結果も出しているのに代表に呼ばれない選手がいる。一方でリーグ出場わずかの若手が選ばれる。「そんな簡単に……」という悔しさはあるだろう。彼らはそれだけ代表の重みが分かる。代表のユニホームをそう簡単に着せないでほしい、重いものであってほしい。その心情は僕も一緒です。

でも、これが大きくなるチャンスなんだ。結果で「俺を呼ばんかい!」といえるくらいに踏ん張ること。簡単ではないけど、僕らは踏ん張り続けなきゃいけないということ。止まるわけにはいかないね。

(2014・9・5)

2試合で評価は早い

自分の日本代表での経験でいうと、ファルカン監督は前の代のオフトジャパンをかなり変え、壊してでも新しいものを打ち出した。その次の加茂周さんは最初はファルカン以前の「ドーハのメンバー」を呼び戻し、そこから組み立てた。最終的にメンバーはだいぶ変わるのだけど、持って行き方はゆっくり。ザッケローニ監督もそうだったね。

アギーレ監督はファルカンのように自分の色やポリシーをすぐ出してきた感じがする。サッカーのやり方もガラッと変わり、ザックさんとまた違うアプローチが楽しみでもあるだろうね。でも代表は時間がありそうで、そんなにない。1月のアジアカップまでにいろんなことは試せない。

加茂さんの初陣も1995年1月のインターコンチネンタル選手権（サウジアラビア）だった。三が日明けに集合した面々は元日に天皇杯を戦った選手もいれば休み明けの人もいて、僕はシーズン中のイタリアから合流。状態はバラバラでほぼキャンプなしのまま強豪と戦う。そりゃ厳しい（2連敗）。

僕はジェノアで試合に出始めたころ。確固たる地位までは築いてなかったから監督に「行くな」と言われればイタリアに残るつもりだった。でも「俺は言う権利がない。お前が決めろ」と言われてね。２週間離れたらベンチスタートに戻っていた。いまの欧州組も1月の招集には迷うのが本心と思う。

「代表らしいプレー」というものがある。先日の親善試合は若いデビュー組が躍動した。ただプレー全体をよく見るとつまらないミス、代表で起きてはならないプレーもしている。世代交代は避けて通れないし、最終的にワールドカップ（W杯）に誰が立つのかは分からない。でもW杯にたどり着くまでの道中では顔ぶれはまだ入れ替わる、というよりそれが必要なんじゃないかな。今回は招集外でも、経験豊かな選手が折々で加わり、様々な力をもたらすべきなんだろう。

ともあれ2試合で評価するのはまだ早い。あれこれ言う方もいますが、選手自身は外の騒ぎには無頓着なもんです。僕も１９９７年W杯予選のとき「カズ　孤立！」と書かれたけど、本人にその感覚はまったくなし。今にして思えば確かに僕のテーブルはヒデ（中田英寿氏）しかいなかったけどね。ははは。

（２０１４・９・19）

京都で広がった視野

西京極へ赴いた京都戦はベンチで見守るだけに終わって、悔しい。京都はサッカー人生の第二幕を踏み出せた、思い入れの強い場所。京都とそれに続く神戸での日々がなければ、いまの自分もあり得なかった。

1999年にヴェルディ川崎（現東京ヴェルディ）を離れたときに「カズの時代は終わった」と言われた。クロアチアから夏にJリーグに戻り、初戦が西京極での神戸戦。1万5000人の声援に包まれ、僕は頭と足で2点取った。翌日の新聞いわく「カズは死んでいなかった」。

ただし京都でも神戸でも成績には恵まれず、京都の1年半で24点決めたとはいえ、降格も味わっている。30歳を過ぎ、ヴェルディで頂点を味わえたときとは違うわけで、うまくいかないことの方が多かったね。

自分を切るクラブがあり、拾ってくれる人もいる。人と人のつながりや「情」を知るなかで、周りへ優しくできるようになったのもこの頃だろうか。サッカーに本当の意味での苦労はないのだけれど、苦労を教わることで人としての厚みは増していく。日本一に慣れていたころ、下位の常連だった京都や神戸は一番行くべきでない場所に見えた。キャリアの終着点であるような。何も見えちゃいなかったんだね。実際に行ってみれば、そこには素晴らしい選手も人間もいる。それぞれの情熱で現実と向き合っている。京都や神戸で過ごしたことが、サッカーの景色を変えてくれた。

僕にはヴェルディや代表の印象が強くて、京都や神戸でプレーした姿がピンとこない人も多いだろう。でも華々しかったころ以上に、あの時代が人間としての自分を育んでいる。「ヴェルディのカズ」だけでとどまっていたら、こんなに続けられもしない。

「お帰りなさい」。神戸のホテルオークラでも、京都のクリーニング屋のかあさんも、15年近い月日が過ぎていないかのように迎えてくれる。

小林旭さんのヒット曲、ご存じですか。「♪京都にいるときゃ　忍と呼ばれたの　神戸じゃ渚と　名乗ったの　横浜《はま》の酒場に　戻ったその日から……昔の名前で　出ています」。僕の歩みそのまんまです。

よく歌ったもんなあ。「♪京都にいるときゃ　キングと呼ばれたの～」

（2014・10・3）

ブラジルの味は強烈

世界ランク100位のジャマイカと日本が戦えば3、4点取れると思う人もいるだろう。でも勘違いをしてはいけない。ジャマイカの属する北中米はメキシコも苦戦するほどレベルが高いし、サッカーは1―0や2―1のスポーツでもある。いまやどこと国際親善試合をしても3、4点も入る状況はそうそうない……のだけれど、ブラジル戦では4点も入ってしまった。

翌日、横浜FCでも批判めいた声が。「なんでもっと相手に寄せなかったのかな。あんなにスペースを与えればやられるよ」。テレビで見ればそう思うよね。でも山口素弘監督と僕は判を押したように「いやあ、寄せられないんだよ。『行ったら抜かれる』と思っちゃうんだよね」。ブラジルと戦ったから、そう感じる。

外から見るより一つ一つのプレーが速いしボールを止めるのもうまいから、抜かれまいと一瞬とどまって〝見ちゃう〟。行かない、ではなく「行けない」。おそらく体感しないと分からない。それこそが経験であり、世界のスピードや間合いを知ることでもある。

僕もブラジル代表と戦って0－3、1－5、0－3。1995年や1997年のことだけど忘れるべくもない。ロベルト・カルロスもロナウドも「なんだコイツ？」という速さだったもの。

20年近く経ても点差はさほど縮まらず、初勝利まではあと半世紀のスパンを覚悟すべきかもしれないね。ブラジルも止まってくれない。早くもサントスから〝次のネイマールでは〟と噂される10代が出てきているよ。

ザッケローニ前監督は割とメンバーを固定しながらチームを作った。現時点でアギーレ監督は選手をどんどん入れ替えている。それぞれのやり方であり、どちらが正解というものではないと思う。料理と似て、濃い味だからダメで薄味は良い、でもない。中辛、激辛、甘辛、それぞれおいしいと言う人がいてまずいと言う人もいる。「いいか悪いか」でなく「好きか嫌いか」の側面もあるから。

入れ替えといえば、トルシエ元日本代表監督は中心選手をわざと先発から外すことをした。その選手が、外れる境遇に立つとどんな人間になるのかを見るために。それがいいか悪いかはともかく、仕事では、僕らはどの瞬間も試されているということです。

（2014・10・17）

勝つことに楽はなし

世間には「松本山雅」を知らない人がたくさんいる。そのクラブがJ2で一番の観客を集め、最も盛り上がりをみせ、まもなくJ1に加わろうとしている。

J1はJ2とレベルが全然違うのだけど、そこで何年か過ごすことでクラブに根付くものがある。10月26日に試合で赴いた山形でもそう思った。確か10年前はお客さんが集まらずに苦労していたはず。それが2009年から3年間J1にいたことで根付いたものが、着実に膨らんでいたものね。

今季のJ2は安定感抜群の湘南と松本を除くと、あとの20チームはどこが本当に強いのか分からなくなるくらい。横浜FCも春に勝てず、夏に勝てるようになり、と思えばまた足踏みといった波があった。ところが周りも似たようなもので、僕らが「負け込んでいるなあ」と嘆くとき、他のライバルもつまずいている。食って食われて、上とも下とも差が広がらない。

6位までプレーオフに出られるだけに、ちょっと負けても6位には食い込めるとのモチベーションにはなっている。でも現実をみても「6位」がJ1に飛び込むのはきつい。イタリアで2011〜2012年に2部の6位からプレーオフでセリエAに昇格したサンプドリアは、補強で選手を入れ替えたことで中ほどの順位に定着。うまい投資をどこかでしないと限界はくる。

27日には松本との練習試合に出たけれど、またとない〝やりやすさ〟だった。松本は培った戦い方や技術を正面から出してくれたから。というのもJ2では自分たちの良さを出すよりも相手の良さを消して弱点を突くサッカーが多く、2部ならではの戦いづらさがある。カテゴリーが下になるほど技術がおろそかになりミスは増え、ミスをするから余分に走る量が増える。互いに走り過ぎて終盤は泥沼、なんてことも。

J2へ戻る徳島にしても、来季は相手の寄せなどが遅く思えて「楽」に感じるだろう。自分がミスして渡したボールを相手も返してくれて「ああ、J2だ」と。でもJ1で得た経験を生かしたサッカーをJ2でしてほしいね。

忘れてならないのは、カテゴリーが何であれ僕たちの大変さは変わらないこと。差はある。でも「勝つ」ということに関して楽というものはどこにもない。

（2014・10・31）

全力でやるしかない

ナビスコ杯（現ルヴァン杯）を優勝したガンバ大阪と、横浜FCは去年のいまごろ同じステージにいた。2－2で引き分けて「僕らもいけるのでは」と思ったものだ。いまガンバ大阪は3冠にも手が届くほどで、横浜FCは2試合を残してJ1昇格がなくなった。「2位も18位も一緒だよ」。18位の人が言ったら、ばかを言うなと怒られるよね。同じ言葉を、準優勝の人なら言ってもいい。決勝まで行き、2位に終わって初めて、2位も18位も同じだと分かる。決勝に出るだけではだめなのだと知る。そしてクラブも人間も大きくなる。決勝に行かなきゃ実感できないもんなんだ、といった話を後輩にした。

だから僕らは「本当の争い」がまだできていないのかもしれないね。勝ち点1で昇格を逃した、あと1点得点していれば――。そこまでたどり着いてこそ分かる、悔しさというものを。

僕自身のことをいえば今季は4分間しか出場していない厳しさのなかにいる。今日も先頭で走る、先頭に立つんだと、やり抜いてきた。まあいいかな、などという気持ちになったことは一度もない。ただしそれだけではプロとしては失格。「出場できなくても毎日頑張りました」。これは自分を納得させる限りのもので、評価の上ではゼロだ。頑張る。努力する。それは当たり前のこと。ただし普通のことを普通に毎日やるのも、やっぱり難しい。「当たり前のこと」だけど簡単なことでもないんだ。

状況がよくないときでも前向きでいること。若いときはそれができなかった。態度に出て、ふてくされもした。でも人生で良いときも悪いときも繰り返すうちに、感じられるようになる。「この苦しいときこそ自分が試されている」と。

サッカーに本当の〝苦労〟はないと思っている。全部プラスになることだから。現役である以上、苦難のときは当然あるよ。でもそれが苦難か喜びかといえば、この2つは紙一重です。

サッカー以外のことは何も知らない。そもそもサッカーですら知らないことがたくさんある。サッカーで喜びを味わい、痛みを教わり、大人にしてもらった。そういう存在、誰にでもあるでしょう？　サッカー様々ですよ。

だったら、サッカーに失礼のないようにやっていくしかないです。全力で。

（2014・11・14）

「誰かのため」忘れずに

海のすぐそば、被災した福島県いわき市の永崎小学校で出張授業をしてきた。子どもって真っすぐでいいよね。「カズさんの家はいくらですか」と遠慮なく質問してきて、僕の恋愛遍歴話に目を輝かせる。作文の形で語ってもらったみんなの将来の夢は、外科医から料理人、ペットショップの店員にディズニーランドで働くことなど、まあさまざま。頭は柔らかく、自由で、縛られていない。

子どもは毎日変化する生き物なんだろう。大人は固まってしまって変わらないけど、子どもは日々、どんどん新しい自分を出していく。このキャパシティーが良い方にも悪い方にも広がるということだね。小学6年生といえばうちの次男と同じ。永崎のみんなに比べるとうちの方はませちゃってるけど、大丈夫かね?

彼らは2年生のときに東日本大震災に遭った。今でも思い出すと涙が出てくると聞く。45分間限りの授業では、みんなの心の奥にあるほんとうの部分まではのぞけない。僕はまだ、「死ぬかも」といった恐怖が目の前まで迫る体験をしてはいない。だから被災したみなさんの抱える重さと僕らの感覚との間には、どうしても差ができる。「被災地を見てどう感じましたか」と尋ねられるたび、誠実になろうとするほど、いい言葉は見つからなくなる。

でも彼らの作文を読み、ほっとした。「家を建てたい。お母さんに楽をさせてあげたいから」。行間には「誰かのために」という思いの跡があった。両親のことを思うその子は、人を傷つけたり刺したりすることはできないだろう。それではお母さんを悲しませると気づくだろう。誰かのために、と思えること。こうしたものがなくなって、子どもの関わる事件は起きているんじゃないだろうか。

「忘れちゃいけない」とよく言われる。ただ、記憶も痛みの感覚も薄れていくもの。そのときの感情を忘れず抱えるのは難しく、つらい。「いけない」と押しつけてはいけないものだ。

だからって、忘れていいわけじゃない。行動できるとき行動し、協力できることを協力する。無理なことって続かないですから。支援は回数の問題じゃないし、夢はその大小を問うものじゃない。感謝の活動で横浜FCの1年を締めくくれてよかった。

（2014・11・28）

自分の居場所へ戻る

今年はプロ生活29年間で一番試合に出られなかった1年だった。年齢からして「仕方ないよ」という人はいるかもしれない。でも「仕方ない」などというふうに考えるのは、それは仕事を辞めるときだ。僕は仕方ないなんて思わない。何かが足りず、失敗したからこの結果がある。オフのいま、それを見つめ直している。

正月の自主トレを前倒しして10日からグアムに入った。まず年内に10日間、年明けにも10日間。2回に分けつつ例年の2倍の日数をかけて体を作り込む。このグアムにいる20日間で、自分に自信を持てる何かを作りたいと思っているんだ。

ガンバ大阪や山形は先週も熱戦を展開し、さらに天皇杯決勝も控えるという戦いの最中にいる。僕もヴェルディ川崎（現東京ヴェルディ）のころは1月1日までサッカーで予定が埋まっていたわけだ。あの2チームをみれば分かるように、まさにこういう時期、戦い続けた選手やクラブはものすごく成長する。なのに悔しいことに僕らは2週間前から休んでいい身分だ。「いいのかな……走り続けなきゃ」という気になるよ。

オフ冒頭の4日ほど。いつもは起床して見る早朝のテレビ番組を、カラオケ店で見ちゃっている。朝まで何してんだ、という話です。でもそれもいいんだ。じきに自分から走りたくなる。1週間後、公園を走り出す。汗が出る。息も上がる。「……やっぱり自分のいる場所はここだ」と思う。

厳密にいえばマイクを握っている夜中も「これも俺だ」と思っているのだけど、戻らなきゃと感じながら家に帰り、体を動かしにいく。疲れる。「うん。これをずっと続けてきたわけだし、本来の居場所はこれだ」と思い出す。うん、やっぱり夜じゃないな、と。それを実感するためにも、遊ばなきゃいけないときが人間にはあるんだけどね。

自分が自分でいるために、一番ほっとする場所。このグアムで僕は自分に戻っている。過酷で、きつい。でも苦痛ではない。乗り越えたら最高のプレーができる、という夢がある。常に前向きでいられる。

今回の自主トレ倍増計画は6月の時点で心に決めていた。つまり僕のなかでは6カ月前にすでに新しい年がスタートしていたわけだ。次にここでお会いするのは2月でしょうか。お先に2015年を始めています。

（2014・12・12）

II

プロ30年、おまけに年男——2015年

3月12日　ヴァイッド・ハリルホジッチ日本代表監督就任。
4月5日　磐田戦で先制ゴールを決め、自身の持つJリーグ最年長ゴール記録を「48歳1カ月10日」に更新（その後、4月19日の長崎戦、6月28日の水戸戦でもゴールを決め、最年長ゴール記録は「48歳4カ月2日」に）。
7月5日　柳沢敦（当時38歳）、中田浩二（同35歳）、新井場徹（同35歳）三選手の合同引退試合に出場。
7月　女子ワールドカップに出場した「なでしこジャパン」は準優勝。
9月15日　ミロシュ・ルス横浜FC監督辞任。中田仁司強化育成テクニカルダイレクターが新監督就任。
9月17日　「日本サッカーの父」と呼ばれた指導者デットマール・クラマー氏が逝去。
12月1日　横浜FCがミロシュ・ルス監督復帰を発表。

＊太字は著者自身の動向

ゴール前で勝負する

前年12月10日に自主トレで2015年のスタートを切ったものだから、このキャンプシーズンがずいぶん長く感じられる。グアムで自主トレを1次、2次、そこから横浜FCでタイと宮崎県日南市でキャンプ。2月半ばのいまは4次キャンプ突入中といったところ。

始動から2カ月たったいまになり、当初の12月にやったことが生きてきた感触がある。この疲れではパフォーマンスが落ちるかも……と思いきや、体がそのヤマを乗り越えてくる瞬間がある。自分を追い込んでたまった疲れに慣れたのか、抜けてきたのか。定かではないけど、より強くなったかもというような。連日の2部練習、それもみっちり2時間のトレーニングも乗り越えているからね。

より「前」で、ペナルティーエリアのなかで今年1年は勝負したい。クロスに飛びつく、スルーパスをもらえる、ドリブルからシュートを決められる、それぞれを可能にする位置取りや動きに徹すること。ゴールというものに例年以上にこだわりたいと思っている。

この何年かは技術なり、味方を生かす動きやパスなりを意識して、その質を頭に置いてきた。その部分をおろそかにはしないけれど、二の次にしてでも得点を取ることにこだわってみたい。もちろんチームあっての自分であり、監督がどこで使うかにもよる。それでも「うまい」と認められるより、相手に「怖い」と恐れられるプレーをしたい。

1カ月前、2015年1月17日の阪神大震災チャリティーマッチで2ゴールを決めることができた。ゴールそのもの、あるいは僕がゴール前へ飛び込むことの高揚感のようなものを、見に来た人々は僕に期待していたように感じる。もう少し自分でもそうしたプレーに徹していいのかなと。ゴールという見えやすい結果を今年の自分に求めてみようかなと。それが一番みんなが分かりやすく、自分も分かりやすいのかなって思ってね。

試合で動ける状態にある。でも肝心なのはここから。開幕までに甲府や長崎との練習試合が待っている。自分のトップ（ＦＷ）としての仕事が、いい相手にどれだけ通じるか。楽しみにしているんだ。

ゴールする自分になる。48歳で迎えるシーズン、できるだけ前でやれたら面白いんじゃないでしょうか。

（２０１５・２・13）

30年目のハツラツ感

今年で48歳、プロ30年、おまけに年男であります。

僕がプロになったときにはまだ生まれていない選手がほとんどになった。「あの監督、カズさんより年上ですか」「あいつはね、1つ下だね」「えっ、あいつ、ですか」など、一選手として僕と話すとショッキングなこともあるみたい。

30年やって見えてくるもの。よく聞かれるのだけど、皆さんが思うほどに僕自身は分かっていない。監督が務まるほどサッカーを知っているでしょと誤解されがちだけど、全く別物。選手ひと筋なのだから、技術や精神面ならともかく、戦術やチームマネジメントについてのアドバイスはうまくできません。頭で知っているようで知っていない、体で分かっているようで分かっていないことが多くて。

現役の身としては、監督というものを分かりすぎるのが正しいとも思わない。ただこれだけ続けていると、監督の心情もよく分かるようになる。それも経験の一つではあるよね。

経験がもたらすものは〝上下動〟が少なくなることじゃないかな。どんな状況でも必ずすること、ルーティン。ベテランになればなるほどその何気ない一連の作業を、本番でも練習でも何でもない日でも、常にやっている。すなわちそれが安定であり経験であり。

若い頃は軽重をつけがちになる。「きょうは練習だから、このくらいでいいや」「この日は大事だから、やろう」。でも、いざ「大事なとき」に「これをやろう」と思っても、常にやっていない人にはできにくい。熟練者になりずっと同じことをやっているとブレが減り、どんなときでも変わらず、できるようになる。

30歳を過ぎてうまくなる選手がいる。某選手は20歳の頃はひたすら足が速く、周りに使われるタイプだった。ベテランの域になってもまだまだ快足だったけれど、ただ走るだけでなく、自分が周りも生かすようになった。ドリブルさえ上達した気がした。考えることで、また伸びたんだね。

「若いね。元気だね」。最近、久しぶりに会う人に言われる。ハツラツ感やエネルギーを、見た目からパッと感じてくれるんだろう。たわいない話をしているときでもエネルギーがふつふつと。そんな30年目になればうれしいです。

（2015・2・27）

「まずは勝つ」を続ける

「内容はどうだっていい。絶対に勝つんだ」。群馬との開幕戦、キックオフの円陣で発破をかけた。割り切ったサッカーをしようぜ、と。これがいい方向に出た横浜FCは戦うスピリットを前に出し1－0で勝った。先発した僕も前線から離れることなく仕事ができた。

30年間、いろんな開幕を経験している。この時期はどのチームも「よし、いくぞ」とベクトルが一つに向いている。ただチームは水物といえば水物で、プレシーズンで絶好調のチームが開幕から負け続ける。キャンプで散々だったはずが、ふたを開けてみると快進撃する。案外、危ないのが「内容はいいのに結果は良くない」パターン。いい試合をしつつ、ずるずると数カ月結果が伴わないのはまずい。

「理想のサッカー」で勝つのが一番だ。でも勝負事の現実はそうならない。だから勝っていきながら理想に近づけていく方がいい。どんな勝ち方でも、勝てばチームは良くなっていくものなんだ、不思議とね。理想だけを求めても理想に近づくとは限らないから、チームは難しい。

見る側に回るのなら、僕は断然、いいサッカーが見たい。でもやる側の僕はいいサッカーでは満足できない。自信や勢い、いろいろなものは勝たねば身につかない。あれだけ自分たちペースで進めた群馬戦は引き分けで終えては絶対にダメだった。良い試合ができた、で終わらず、「勝った」で締めねばならなかった。

1つ勝つ。それを続ける。うちみたいなチームは特にそうだ。1戦目が良く、2戦目は悪く、またちょっと良くなって再び悪く……という数年来の浮き沈みを繰り返すようなら「またか」「横浜FC、変わっちゃいないな」となっていく。もちろん何事もそんな簡単には変えられない。でもメンタルの浮き沈みをコントロールすることは自分たちでできる。開幕戦と同じ「いくぞ」と戦う姿勢、勝負へのこだわりなら貫ける。

去年は4分間の出場だったのが、1戦目で先発して65分間走った。悪くない滑り出しだけど、交代した瞬間、次へ目は向いています。2戦目のホームで何を見せるか。大事なのは次、そのまた次。

年がいなく少し緊張した開幕戦でしたが、ピッチに入れば至って普通でした。

（2015・3・13）

監督代われば好機あり

クロアチアのザグレブ時代、スペインの空港で昼食を食べたとき、クロアチアの同僚は店員がちょっとでも横柄だとすぐに怒った。自分たちが欧州のなかで見下されるような扱いは見過ごせない、といった敏感さだった。「あいつはセルビア出身。信用するな」。冗談のはずだけど、穏やかならない言葉もよく聞いた。

旧ユーゴスラビア圏の人々はそれぞれに民族としての誇りがある。そして選手はおしなべて技術が高い。ただサッカーを語るうえでは「旧ユーゴ圏の人だから、こうだ」とくくるより、その人単位でとらえた方がいい。日本代表のハリルホジッチ監督に対してもね。

サラエボ出身の元日本代表監督のオシムさんは初めて千葉にきたとき、事前情報は頭に入れずに練習をみたという。名前や年齢、実績なども一切取り払い、選手「そのもの」をみた。その眼力が優れていた、と。

僕もザグレブ入団前、チームに詳しくないまま練習を眺めてみた。若々しく俊敏なD

Fが目に付く。「こういう選手がこの先、ビッグクラブへ移るんだよな」。実際のところは、それはビッグクラブから戻ってきた当時37歳の選手で……。

でも彼が代表入りする力の持ち主だったのは事実だし、なまじ予備知識があれば「30歳以上＝動きは鈍い」と先入観で印象が左右されただろう。ちなみに足の速い選手が右サイドにいて、これは一目で若い選手と確信し、その通り19歳でした。それがいまのミキッチ選手。広島でみせているプレー、あのまんまです。

細かく指示されなくなることで伸び伸び力を出す人、自由になりすぎるとうまくいかない人。監督が代わることで選手も代わるけど、事前情報や先入観が少ない新監督のぶんだけ、どこにチャンスがあるか分からない。例えば横浜FCを経てJ1チームへたどり着いた選手たち。少し前ならJ2中位にいた彼らでも、調子がいいときに監督が見に来ようものなら代表に入っちゃうかもしれない。

昔、トルシエ元日本代表監督は神戸の某CBを視察に行ったはずが、彼でなくそばの海本慶治選手を代表に呼んだ。その場で目に留まったから。

これまでとは違う評価と巡り合うかもしれないわけで、僕も気合が入ります。

（2015・3・27）

「普通」が生んだゴール

「カズさん、あんなに跳躍力ありましたっけ？」。磐田戦でのゴールに、元日本代表の戦友が連絡をくれた。クロスへ飛び込んだ豪快さに驚いたみたい。解説者である先輩は「向上心で常に新しいものを取り入れるカズだから、跳躍力を高めるトレーニングもしていたんでしょう」と。そんな訓練、していません。

48歳でゴールはすごいとたたえられるけれど、「本当にすごいかな」というのが得点した本人の気持ち。50歳の選手でも、ポッと出場してコロコロと球がくれば得点はできるよ。48歳で現役をしていて感じるのは、日々ちゃんとテンションとクオリティーを保ち、ベスト状態であり続ける方がよほどすごいということ。

得点にたどり着くまでに何をやってきたか？　見えにくい部分が一番大事だし、難しい。

サッカーの日常では、自分なりの調整が許される特別扱いはない。練習での負荷はみんなと同じ。その中でいかに質を高めるか。毎日そんなプロセスに注力してきた。

以前にも話した通り、今季は「点を取らないとだめだ」と意を新たにしている。意識しているのはジャンボ（大久保哲哉選手）ら味方FWとの距離感をうまく保ち、組んで化学反応を起こすこと。ジャンボにまずマークが集まるから、僕への寄せは軽減されて動きやすく、本当に助けられている。まず周りに生かされる、そして自分はペナルティーエリアの中にいる。これをすれば点が取れる、というセオリーに沿ってあのゴールも生まれているんだ。

松井大輔選手（磐田）が磐田戦での僕をベンチから眺めていた。「普通にプレーしてますよね。それがすごいというか。普通だとできないですよ」。最近の僕はゴール近くで動いているから「得点のにおいがする」と言う人もいる。何となく得点しそう、という場面が普通になりつつあるとしたら、収穫だと思いたい。

ともかく皆さんが大騒ぎするほど喜んでくれてよかったな、と一息ついたあの晩。「いや、得点ぐらいで騒がれなくなるほど点を入れ続けないとだめだよ」。諌めてきたのが我が長男であります。ギクリとしつつ、大人の対応で返しておきました。「毎試合入れ続けたら、それはそれで大騒ぎかもね」

（2015・4・10）

厳しさはプロを育てる

周囲からの厳しい視線や高い要求、もう明日はプレーできなくなるかもというプレッシャーがなければ、選手は成長できない。批判にさらされることが当たり前のブラジルで育った僕は、いつもそう考えてきた。

「彼？　まあまあいい人」。ブラジルにいたころ、そんな人物評をしたら友人に笑われた。「良いか悪いか、どっちかだろ」。まあまあ、が前向きな表現になるのはあくまで日本の文化なんだね。及第点という評価、多いでしょ。ブラジルだとすごいプレーをすればメディアから神扱い。ひどければゴミ扱い。カミとゴミのどっちだ、と手厳しい。

サントス時代の先輩、ドゥンガなんてほんとに怖かった。CKを蹴ろうとする僕の足がビクつくほどプレッシャーをかけてくる。少しでもヘマをすれば「へたくそ日本人！帰れ！」。試合中、しかも味方にですよ。「プロはな、なってからが大変なんだ」と当時19歳の僕に説いたドゥンガにしたって23歳ほどのはずなんだけど、とっくに35歳くらいの貫禄がありました。

厳しさの塊のような彼自身、厳しく非難されながら生きていた。国民から、「あんな運動能力の低い、下手なやつにブラジル代表をさせるな」と。その彼が代表の主将となり、ワールドカップも手に入れる。半端でない精神力で批判を受け入れ、消化し、打ち勝って。

サッカーに詳しくない女性が観戦して「戦術がすごいって聞いたけど、見ててもつまんない」と言ったとする。その正直な感想もひとつの真実で、外からの指摘や〝素人目線〟は、自分たちの気づかぬ一面を学ばせてもくれる。今月は3試合で2得点している僕にも「しょせんJ2でしょ」と思う人々は必ずいる。どれだけ称賛されても、一方では厳しい見方もあり得るのだと僕は常に自覚している。

だからこそ僕らは、J2が激しい、上を目指す意欲にあふれた者たちの戦いであることを、試合で示す。ぶらりと立ち寄っただけの人々の心さえも「また見に来たい」と揺さぶるものでありたい。

選手へ向けられた厳しさを「批判」と呼ぶのならば、批判はあった方がいい。厳しい声にさらされるほど僕は実感できる。自分がプロフェッショナルとしてその世界に生きていると。

（2015・4・24）

子どもに刻まれる印象

「ドリブルで全員抜いて、シュートしろ」。小学生のころそう教わった。失敗をとがめられもしなかった。「取られるまでドリブルしてていいぞ」と。パスに逃げたときだけ怒られた。

いま小中学生の練習をのぞけば、僕らJリーガーとあまり変わらない指示を受けている。ディフェンスで絞れ。ギャップで受けろ。くさびを入れろ。僕の少年時代はそんな用語、耳にしたこともない。「ドリブル」しか思い出せません。

子どもはもう少し自由でいいかもと思う半面、欧州では子どもの頃から戦術眼を植え付けられることで、その通りに動けるようになるとも聞く。どちらがいいのかは分からない。ただJリーグクラブが50を超えた今は、僕の時代よりプロは子どもの身近にいる。

リベリーノの足技、木村和司さんのドリブルをこの目で目撃したときの衝撃はどんな指導より雄弁だった。サッカーでは細かい部分も大事だが、単純なものは好かれ、分かりやすいものは身につき、マネしたくなるものは広まる。プロのプレーに接することが子どもには一番の指導かも。

小学生のころ、静岡に石野真子さんがやってきた。プードルを連れ、ミニスカートでさっそうと車から足を降ろし……。どきりとしたあの光景はいまでも克明に思い出せる。犬といえば練習中に僕のお尻をかんだ野犬しか知らないのに。「スターってすごいな。僕もなりたいな」と思ったもの。

だからサッカーを見に来た子どもには、頭をなでてあげたり握手をしてあげたりするよう心がけている。6歳の少年ならこの先の80年近く忘れないだろう。僕もそうなのだから。

小学生で鎌倉の大仏を見た。初めて見上げた大仏は「うわあ」とのけぞるほどだった。中学生で訪れた奈良の大仏。鎌倉のときほどピンとこない。より巨大で〝すごい〟はずなのに。

メッシの超絶テクニックも目にできる今、30代の選手がこう言う。「でも、子どものときに見たカズさんのゴールやダンスの方が印象は強くて」。心に最初に刻まれたインパクトって超えられない。「こんな女性がいるのか」と僕の胸が震えたのは19歳。伴侶のあの美しさを、超える女性は僕のなかで見当たりません。

（2015・5・8）

数値もいいけど、喜びも

いまやアスリートでなくても、みんなが健康に気を使って生きている。30年前のブラジルだと、すき焼きを写真でみせたら「何だこの気味悪いのは」と日本の食文化をバカにしてたのに、そのブラジル人が和食は体に良いと箸を使ってすしをほお張るくらいだから。

サッカー選手ともなれば、ハリルホジッチ日本代表監督が求めるように「体脂肪率12%以下」が適正といわれている。競技ごとに理想の体脂肪率は違うだろうし、本人の体質・適性にも左右される。総じて体脂肪率のツケはどこかで払わされるもので、高すぎても低すぎてもケガにつながりやすい。要はどうであれ動けて走れればいいのだけど、いろんな観点を踏まえたうえで好ましい水準が12%以下なんだろう。

ただ問題になってくるのが測り方。率そのものの正確さを期すのなら3点法なりカプセルに入るなり、厳密に測定したほうがいい。僕は2年前に3点法で測ったら1ケタ台だった。

体重、体脂肪率にとどまらず、血糖値にまで手を広げ、血圧さえ毎朝測っていたころがある。血圧の高い・低いが数字で分かり、さあ自分はどうすればとトレーナーに聞いたら「どうしようもないです」「頭の中にだけ置いておいてください」と。数字にとらわれすぎるときりがない。指標は大事だけれど、それらを目安としつつ、常に自分の基準値を把握しておくことだね。

試合前にお風呂に入るのは良くない、とみなす文化の国がある。好ましい・好ましくないの通説もどこまで科学的なんだろうね。男と女の間のアレについてもそう。ワールドカップ期間中はだめ・いいと、大会のたび議論になるでしょ。「その日のうちに寝るならＯＫ」などと微妙な形で決着したりして。

何を食べるべきか、すごく気にしたころもあるけど、ある年代から必要以上には気にしなくなった。もちろん食事の時間帯は一定で、間食もせず、栄養管理は常に頭に入れている。でも基本的には好きなものを食べているかなあ。よく食べ、よく寝て、よく練習する、それがブラジルで教わった金言。やっぱり努力したらご褒美もあげないとね。たまにはラーメンをすするとか。我慢だけでなく、喜びもないと。

（２０１５・５・22）

ワールドカップの光、曇らせないで

かつてJリーグのあるGMが「バルセロナのようなチームを作りたい」とスペイン人に請うた。方法はあるという。「シャビとイニエスタを買ったらいい。あとメッシも」。確かに。でもそうすると年俸だけでも40億円近くかかっちゃう。

理想のサッカーと勝つためのサッカーは違う、と監督の方々は言う。そして理想を求めていけばカネもかかると。物事を創り上げる際はお金を集めないことには始まらない。ただお金が絡むと人間はどうも……。

国際サッカー連盟（FIFA）の汚職事件に、妙に歯切れの悪い関係者は世界の各地にいるんじゃないかな。南米の誰それはカネに汚い――そんな噂は今に始まったものじゃない。以前に「不倫は文化」との発言が物議を醸したけれど、「賄賂は文化」であるかのように自分のポケットを膨らませる。人間の歴史をひもとけば、カネの絡む不正がなくなったためしはない。

FIFAはフェアプレー精神を強く訴えてきた。であればいろいろな部分も公平にすべきだし、透明性も高めないとだめだろう。

うちの次男坊が中学に上がって新たに少年団クラブチームに入ってね。つい最近まで反抗期だったのに、この数カ月でガラリと変わった。人との接し方、負けることの悔しさ、うまくなることや勝利の喜び。サッカーのコミュニティーが人間を育てる効果は大きいなと改めて思う。

サッカーと関わるこうした場を、世界中に広げてきたのがＦＩＦＡだった。途上国にグラウンドを造り、協会やトレセンを設け、何よりワールドカップ（Ｗ杯）という舞台を提供してきた。そこを目指し、サッカーで食べていくという希望を抱いて生きる子どもが、現実にいる。あの舞台はすべてのサッカー人にとっての夢なんだ。

今回の件がＷ杯という光まで曇らせるのであれば悲しい。２０１８年ロシアＷ杯をボイコットすべしとの声が欧州などで上がっている。モスクワ五輪不参加で犠牲になった選手の無念を思い出す。Ｗ杯が国や地域の代理戦争の場とならないように願う。誘致を巡りお金が飛び交ったとしても、Ｗ杯の一戦一戦に懸ける選手や代表チームの尊さや重みに、偽りは何もない。選手としてそのことは改めて言っておきたい。

（２０１５・６・５）

気持ち百パーセント、力は8割

4月末のリーグ戦で右脚を痛めてから約8週間。ようやく先週からチームの紅白戦に出場して、6月15日の練習試合ではゴールも決められた。復帰までかなり時間がかかったけれど、リーグ戦は11月までの長丁場だ。ケガを悪化させないためには慎重に進めた方がいい。

検査で異常はみられない今も、痛みが完全になくなったわけじゃない。もしかすると負傷したときの感覚を脳が覚えていて、その怖さで痛みを感じているのかも。不安が消えない中でいつ復帰するか、どうプレーするかの判断は重要だ。ポイントは「7、8割の力でベストを尽くす」こと。

ベストを尽くす＝百パーセントを出し切る、と考えるのが一般的だろうし、百パーセントじゃないと気持ちが乗らない選手もいる。ただ、それはケガの再発につながる。だから体の使い方を工夫してチームに貢献する。そこは経験だね。

それにこれはケガ明けのときに限った話じゃない。フルパワーだと、どうしてもミスが増えるものだ。野球でも適度に力が抜けたフォームの方が、より速い球を投げられるというしね。もちろん勝利を目指す気持ちは百パーセントで、体は8割でコントロール。そのさじ加減は簡単じゃない。

わかりやすいのはガンバ大阪の遠藤保仁選手だ。試合前のウオーミングアップからして7、8割の力でやっている。サボっているわけじゃなくて、1対1の守備もしっかりやるしボールを奪うのもうまい。あの脱力感が素晴らしいプレーを続けるコツだろう。まさに8割で全力を尽くす達人だ。

対照的な例が、昨年のワールドカップ(W杯)準決勝でドイツに1―7の大敗を喫したブラジル。いつもサンバのリズムで軽やかにプレーしている人たちなのに、試合前の国歌演奏から涙を流すほど気持ちが入りすぎていた。地元開催のW杯という重みを背負って、百パーセント以上の力を出そうとしていたのだろう。

W杯ロシア大会予選初戦でシンガポール相手に無得点に終わった日本代表も、次はもっと攻めなければと前のめりになる必要なんてない。得点への意欲は大事だけれど、皆がゴール前に突っ込めば点が取れるわけでもないし。冷静に、程よい力加減でベストを尽くしてほしい。

(2015・6・19)

必然の「ごっつぁん」

前節、アウェーでの水戸戦（6月28日）。0—0のまま迎えた終了間際にチームメートが放ったシュートのこぼれ球に、いち早く駆け寄ったのが僕だった。ケガから2カ月ぶりの復帰戦で決めた決勝点は、ゴールを最優先に考えている今季の自分だから取れたものだ。

2週間前の練習試合も、その前の紅白戦でも、僕はこぼれ球を蹴り込んでゴールを決めている。「なぜかカズさんのところにボールが落ちてきますね」と周りは言うけれど、これは偶然じゃない。ボールの行方を予測し、可能性を感じ、意欲をもってそこへ走り込んだからこそだ。

人生と同じで、運がなければボールは転がってこない。でも運だけではコンスタントには決められない。水戸戦で得点の少し前に味方の直接FKが右に外れたときも、GKがはじいたりポストで跳ね返ったりしたときに備えて僕は詰めていた。その動きを観客席から見たコーチは「したたかだね。だからボールがこぼれてくるんだ」と言ってくれた。必然的に「ごっつぁんゴール」を引き寄せたんだ。

78分に交代出場したとき考えたのは、絶対に自分が点を取るんだということ。昨季まで心がけていた周りを生かす動きや、下がってパスをさばく働きをある程度捨て、できるだけゴールの近くにとどまって得点を狙う。だから、もしノーゴールで終わったら何も仕事をしなかったということになる。それはゼロか100かという勝負。まさにストライカーの考え方だ。

実を言うと、ストライカーと呼ばれるのは好きじゃない。若き日のブラジル時代に慣れ親しんだウイング的な仕事、チャンスメークへの思い入れが強いから。20代の頃はそれでもゴールを重ねられた。ドリブルで2人、3人を抜いてDFに走り勝ってゴールもできた。とはいえ、48歳の現実を認めないといけない部分もある。今の自分が持っているものでどうやってFWとして生きていくかを考えなければ。

それに水戸では僕のゴールとカズダンスに、地元の水戸を応援しているはずのお客さんも大声援を送ってくれた。何年かに一度しか生で見られないかもしれない場面を喜んでくれる人のためにも、「職業」としてストライカーの動きを突き詰めていきたい。

（2015・7・3）

誇りが文化になる

この20年でサッカーが日本にだいぶ根付いたとして、では人々にとって「なくてはならないもの」になっているだろうか。女子代表「なでしこジャパン」がワールドカップ準優勝という成果を出したことに、そんなことを考えた。活躍で認識は広まる。それが文化へ育つには、もう少し時間がかかるんだろう。

サンパウロ市を本拠地とするコリンチャンスが州で優勝する、全国制覇する、南米一になる。そのたびにサンパウロはお祭り騒ぎだ。FC東京がリーグ優勝して東京全体が盛り上がるかといえば、そこまではないよね。

選手が身を置く環境という面でも「文化を変えないと」とよく言われる。女子では特に。でも世界一になった米国も少し前は国内リーグが立ちゆかず、選手が苦労したと聞く。

横浜FCでいうと、この10年でいちばん環境の悪かった2006年にJ2優勝した。100円コインシャワーのお世話になっていた時代。試合前日の週末は一般利用者で混むから肩身が狭く、係の人に「横浜FCの皆さんは撤収をお願いします」とせかされてね。ハングリーな環境でも結果を出すことはできる。ただハングリーなだけでも長続きしない。

Jリーグ元年のころは見る側も新鮮だったんだろう。ヴェルディ川崎（現東京ヴェルディ）戦の視聴率が30％を超えたこともあった。でもブームは去るものだ。

僕も所属したキンゼ・デ・ジャウーのあるサンパウロ州ジャウー市は人口約11万人の田舎町で、試合に来るのは500人から1500人ほど。でもここから柏でもプレーしたフランサ、後にサンパウロを経てバルセロナへ渡るエジミウソンが生まれた。エジミウソンが自分の経歴を語るとき、ジャウー時代を飛ばしたことがある。すると市民が僕に怒るんだ。「あいつが育ったのはバルサでもサンパウロでもなく、ジャウーだろ。カズ、お前は絶対にそんなことはしないでくれよ」と。彼や僕など、自分たちのもとから世界に巣立って活躍する存在が、ジャウーの人々にとって「誇り」なんだね。

Jリーグでもなでしこでも、そんな誇りが文化になっていくんじゃないかな。視聴率30％とか観客が毎回5万人とか、ボリュームだけがすべてじゃないよね。

（2015・7・17）

FW同士、張り合って

練習試合で大宮へ出向くと、播戸竜二選手（当時35歳）が温かく出迎えてくれた。ともにFWの身、川崎を6－0で退けたドルトムントの試合に話が及ぶ。ボールを動かすスピード、ゴールへ向かうスピード。あれだけみせつけられると、外国人監督が欧州でプレーする選手を代表に呼びたくなるのも分からなくないというか。整理整頓された、とでもいうべき美しさがあるよね。

Jリーグだと周りが困りに困って、FW頼みでスペースへポン、なんていう場面が多い。これだとDFも対応しやすい。ドルトムントだとFWが動き出した、その一番いいタイミングでボールが出る。「あんなクロス、普通はきませんよ」と播戸選手が冗談めかす。

選手は何事にも慣れていく。1つの試合中でもそうで最初に速いと感じた相手も、対応し続けるうちにさほど速く感じなくなる。吉田麻也選手（サウサンプトン）らがうらやましいのは、この慣れと成長が毎日生じる環境でやれていること。

あの試合、前日練習なら飛び入りできる奥の手もあったみたい。もちろん横浜FCの練習があるので参加は無理だし、「なんで横浜FCの選手がドルトムントに」となるけど、やってみたいもの。「僕も練習だけでいいんでバルセロナとかに入りたいっすよ」と播戸選手も相づちを打つ。FWなら常にそのくらいのマインドがないとね。

終盤戦、まず播戸選手の5得点を抜くことを目指します。彼が先日35歳11カ月16日で達成したハットトリックは日本人最年長記録らしい。「じゃあ、それも抜くわ」と宣告したら「それをされると、抜き返すのがえらいことなので」と制止されました。でもね、こうやって一人ひとりが発奮すればチームの順位も上がるはずなんだ。横浜FCはここ8試合で2点だけ。FWが点を取らないとムードも上向かない。

コンディションさえ整えば30代でもFWは通用する。「もう年だから」なんて絶対に考えなくていい。「若くて『いいな』と思うFW、そんなにいないですよ」と播戸選手が語るのは強がりでもない。DFを一瞬だけ外す動き、ポジショニング。得点のための経験が僕らにはある。ヨーロッパに渡れば痛感することで、うまい選手はいくらでもいる。でもFWはそこだけじゃないから。

（2015・7・31）

代表ユニホームの器

日本代表を外から見るのと、中に入ってやるのとでは、見えてくるものが違う。準備期間の少なさを言い訳にできないのが代表だとしても、1年で監督が2度代われば、外からはうかがえない部分で大変なはずだ。

国際試合の経験が浅いうえ、初顔合わせのメンバーで、4日前はリーグ戦をしていた。そんな事情と制約のあった東アジアカップの経験はワールドカップ(W杯)予選に生きる。北朝鮮戦の逆転負けも、厳しい展開で先制されながら追いついた韓国戦も。代表歴の長い欧州組の主力はW杯をまたいでかれこれ5年近く一緒に戦い、パッと集まっても合わせられる熟したものがある。それとまるきり同じ連係を、とはいかない。

彼らはなかなかポジションを譲らない。W杯で敗退すれば「代えろ」「若い選手を使え」と世代交代を求める声は出る。でもザッケローニ、アギーレ、ハリルホジッチと、やりたいサッカーも哲学も重ならない監督3人なのに、勝ちたい試合で選ぶ選手はほぼ同じ。「いい」と思わせる何かがあるのであって、選ばれ続けている事実自体が彼らの実力でもあるんだ。

監督業は勝負師というか、勝つか負けるかふたつに一つ。だから技術や細かな理屈だけでなく、選手に勝ち運があるか否かも見定めるところがある。かつて加茂周監督が川口能活選手を抜擢したのがそうじゃないかな。高校選手権で優勝、入団2年目の横浜マリノス（現横浜F・マリノス）でも優勝、28年ぶり出場のアトランタ五輪代表でブラジルにまで勝っちゃった。使う側に「こいつは勝利をもたらしそう」と思わせるのも、大事な力のうち。

デビュー戦で大敗、その後も出場するとなぜか勝利に見放されるGKがかつて神戸時代にいた。クラブでは活躍するのに代表だとそうならない選手も。ブラジルから日本に戻った直後の僕は逆パターンで、読売クラブ（現東京ヴェルディ）ではさえないのに、代表ではいいプレーができた。監督やサッカーとの相性、時代、流れ……。

代表のユニホームを着慣れた人は強い。サッカーに限らないかもね。自分が仕事着を〝着させられている〟感覚、ないですか？　着慣れるには実力を結果として示し続けないと。借り物に見えるうちは、まだまだ。

（2015・8・14）

軸1つですべて変わる

中学生までは僕も夏の甲子園に夢中になっていた。かつての原辰徳さん、工藤公康さん。若いスターが出てくる場面に立ち会うのはいいものだ。やはり若い人がいるところには活気と勢い、ピチピチ感があるよ。

いまは試合もよく見られず、ニュースでチラリとしか見ない。でも意識してニュースを見なくても今年は「清宮（幸太郎）」という名前が自然と目に入ってきた。存在がインプットされて関心が向き、噂通りに打つと「やはりすごいんだ」と納得する。そういう選手が1人いると、向き合い方がだいぶ違う。

巨人のV9時代。3番に王（貞治）さん、4番に長嶋（茂雄）さんがいて、2人に目が行くうちに高田（繁）さんや柴田（勲）さんというふうにほかのメンバーにまで詳しくなった。今年も清宮選手をみることで、早実の4番は加藤選手という捕手で主将で、彼もいい選手らしい……と知っていく。1つ軸ができると、周りも栄えるというか。

するとと次はそれを倒そうとする敵が出てきて、ライバルまで注目され、人気になる。

1人の注目選手で相乗効果が大きく広がっていく。ゴルフだと石川遼さん、テニスなら錦織圭さん。サッカーでも同じだね。

いまや甲子園がゴールじゃなく、目指すは大リーグという高校球児もいるだろう。サッカーだとさらに日本代表という最終目標がはっきりしていて、代表でワールドカップ（W杯）に出るまではすべて通過点、と高校世代もとらえている。

ただ、そもそも「最終目標」などは人生にない。頂点のW杯ですら終着点にはならない。W杯で優勝しても、変わらないと思うよ。目標とは到達して一度は達成となるものだけど、終わりは訪れない。それが人間の欲であり、物事の進歩を支えてもきたものだから。

清宮選手にも流れがあったと思う。ホームランがほしくて、でも打てず、期待は高まるなかで、1つ打てた。ホームランが出てからは打席で硬さが抜けていた。それほど「1つ」というのは大事なんだ。

だから僕らも、1つのゴール、1つのプレーで、極論すれば人生さえも変わると思ってやっている。1つのヒット、得点、勝ち負け。その1つのために365日を費やし、積み重ねられる。それがプロなんだね。

（2015・8・28）

違いで喜ばせたい

日本代表のカンボジア戦を見ていて、20年ほど前に自分がワールドカップ（W杯）予選で戦ったスリランカ戦などを思い出していた。あの時もなかなかゴールを割れなかったなあ、と。ペナルティーエリア内にDFが多すぎるんだよね。

あの頃以上に、今はアジアの国々が失点を抑えようとするサッカーを戦術としてより明確にしている。W杯予選は序盤といえども、今更ながら、楽な試合など一つもない。「スリルのあるいい試合」には、まずならない。いわゆる「いい試合」は互いが高いレベルのときに生まれるもの。レベルの差がありすぎても引き締まった試合にはなりにくい。そこに「いい試合を期待したのに。物足りない」と望むのは、少し筋が違うかもとも思うんだ。

3点〝しか〟取れなくても、僕にはカンボジア戦は質が高かったように見えた。でも解説していた木村和司さんは要求が高いですね。「もっといろいろアイデアを見せてほしいね」と。代表なら見る者を喜ばせてくれ、普通の選手との違いを見せてくれ、という思いがそれだけ強いんだろう。

宇佐美貴史選手が攻め込んだシーン。僕は「いいシュートだな」くらいしか感じなかった。でも木村和司さんは「もうちょっとタイミングを外すなり、何かできたはずだけど」と、同じプレーにさらに一段上のアイデアを求める。

そこでハッとした。僕だってヴェルディ川崎（現東京ヴェルディ）や日本代表でも、目の前の相手をどう抜き、フェイントでどう裏をかこうかとアイデアを膨らませていたじゃないか。人と違うことをやり、楽しめることに喜びがあった。

それがリーグ戦で勝てない今、僕の着想はどんどん薄れて……。勝たなきゃ、どう守ろうか、どう失点を防ごうか、そんな考え一色になっている。これじゃアイデアは湧き出ないよね。

ネイマールは相手を手玉に取る。意表を突き、いなし、だます。それをトップの舞台でもできるから次元が違うのであり、見る人の喜びにつながるんだ。現代サッカーはより戦術的になり、より監督の意向が強く反映される分、面白みや発想が失われやすいのかも。サッカーは楽しまなきゃ。その心、もう一度思い起こしています。

（2015・9・11）

発信という形の恩返し

日本サッカーの父といわれ、9月17日に亡くなったデットマール・クラマーさんに限らず、これまで多くの偉人が海外から日本へ新しいものをもたらした。僕の接した一人にトルシエ元日本代表監督がいる。「フラット3」の戦術はもとより、一つ一つに理由があって試合へと線でつなげていく一貫した練習。ホテルでの過ごし方さえ、すべてプレーにつながるのだと力説する熱血指導は新鮮だった。

オフト、ジーコ、オシム、ザッケローニ。実に多彩な国の指導者がタイミングよく、日本を発展へとつないでくれた。異なるものを取り入れて自分の形にしていくのが上手という、日本人の特性もあるだろう。

サッカー人生でクラマーさんのような「師」は誰か一人というわけではなく、ブラジル時代からたくさんの人々に様々に教わった。ただし言葉で伝えられたというよりは、自分の目で見て学んでいたね。優れた選手やリーダー、彼らに見よう見まねで近づこうと。

羨むほど技術も才能もあるブラジルなのに、練習で飛び交うのはほぼ「根性」「やり切れ」に相当する精神論だった気がする。殊更に言葉にしなくても染みついているもので、試合が近づくにつれてより強まり、敗北には心の底から悔しがり、言い争いもする。

それをこの目で学んだから、たとえリラックスを兼ねたミニゲームであっても僕は絶対に負けたくない。勝負事であれば、遊びのなかであっても勝たなければならないというのがブラジルであり、ことサッカーに関しては「まあ、いいや」で済ます感覚はない。その目線でいうと、負けないことへのこだわりで日本はまだまだ足りないよ。クラマーさんもよく「大和魂を見せてみろ」と語ったという。時代にかかわらず、通じるものがあるんだろうね。

クラマーさんが改革の風を吹き込んでから半世紀が過ぎた。Jリーグの水準はクラマーさんたちの欧州にまだ追いつけない。でも誇れるものもある。規律正しい運営、ホスピタリティー、サポーターの礼儀正しさや互いへの敬意。外へ発信していけるほど、しっかりしたものがある。

受け取ったものを吸収するとともに、伝え広めること。それがクラマーさんへの恩返しになるはずだ。

（2015・9・25）

歴史が動くステップ

1990年にブラジルから日本へ帰ってきたころ、感じていたことがある。選手や協会だけでなく、一国レベルでの盛り上がりが生まれてこないと、ワールドカップ（W杯）出場といった壁を破るのは難しいんだなと。僕がはっきり「W杯へ行く」と宣言したときでも、協会内ですら真に受けた人はいなかったはずだ。

1989年6月、イタリアW杯アジア1次予選で日本はインドネシアをホームに迎えたのだけど、会場はどこだと思います？　西が丘サッカー場。どう頑張っても9000人以上は入らない。ちなみに前月のジャカルタでの同一カードは大競技場に8万人を集めて行われている。日本は経済大国でも、サッカーへの関心はその程度のものだったんだ。

社会現象を起こさなければ、歴史は切り開けない――。いまW杯で奮闘するラグビー日本代表も、僕らと似た思いで壁に立ち向かっていたんじゃないかな。

歴史が動くときは段階というものがある。1992年夏、僕らの日本代表がオランダ遠征したとき、取材に訪れたメディアはスポーツ紙2社だけです。それがその夏にダイナスティカップを優勝し、秋にアジアカップを制覇し、さあW杯予選へ向かうぞという翌年1月の合宿になると、マスコミは150人に膨れあがっていた。自分を取り巻く社会の意識が変わっていく感覚を、よく覚えている。何かが動き出すその感触をラグビー代表も感じ始めていると思う。

「うん、日本サッカー、いいね」。昔、余裕たっぷりに声をかけてきたサウジアラビアの選手。でも1993年W杯予選のころになるとエレベーターで鉢合わせしても話しかけてこない。敵と見なし始めてくれたんだね。温かい目で応援されるうちは第一段階。本当に強くなると憎まれる。韓国に金鋳城《キムジュソン》という選手がいて、当時、彼と僕は口もきかなかった。1989年から3年連続アジア最優秀選手に輝いたのが彼、1993年受賞が僕。意識し合う間柄だったからね。

それが2002年日韓W杯、神戸のラーメン屋でばったり再会して。「ミウラ、頑張っているなあ」。温かく抱き合ったのを思い出す。10年の月日が、火花を散らす敵同士を互いにたたえあう仲にしてくれる。そんな段階を迎えられるのも、いいもんです。

（2015・10・9）

好きの力が損得に勝る

サッカーなるものが珍しかった40年近く前。静岡ではテレビからサッカー情報番組が流れ、サッカーが日常の光景としてあった。何を隠そう、日本にサッカーショップといえるものが初めてできたのも静岡です。

Jリーグが誕生するずっと前から市民クラブの清水FCがブラジルへ遠征し、少年団も海外チームと盛んに交流していた先進地で、高校で静岡を制するのは全国制覇と同じくらい難しかったほど。あるときの日本代表はメンバーの11人、ほぼ半数が僕も含めて静岡県出身だったくらいだから。

そんな静岡の清水エスパルスがJ2へ降格する。「その場しのぎの寄せ集め集団」と補強のあり方を問う声も飛ぶ。でも寄せ集めで勝っているチームもあるよね。選手を自由にさせて勝てば「のびのびが良かった」とされ、負ければ「のびのびさせて」規律が足りなかったと批判される。何が正解なんだか分からず、僕らの世界は結果がすべて。

世界の名門にも降格の歴史があり、浮き沈みを繰り返す。ちょっと怠ければだめになり、名前だけでは生きていけない。いわば永遠の努力が必要なんだろう。サッカーライフはときに厳しく、険しい。でも乗り越えたときにまた強くなり、よりサッカーが楽しくなる。

僕が所属したブラジルのキンゼ・デ・ジャウーは今や4部相当のリーグでもがく。それでもクラブは存在し、人々の希望として生きている。いつかまたサンパウロなどビッグクラブが街にやってきて自分たちのジャウーと戦う日を楽しみにしている。エスパルスもいまが踏ん張りどころだ。自分たちがやっていること、サッカーで批判されるうちはまだいいんだ。一番怖いのは無関心。降格や低迷していることにすら興味を持たれなくなるのはつらいよ。

浮き沈みがあろうとも、ぶれず、ひと筋に生きていく。例えば長嶋茂雄さんや王貞治さんは、ずっと野球人。あれもこれも手掛けていく人もすごいけど、何かを心から好きで、真剣に続ける人々の仕事やお店、行動、言葉には、ならではの力があるよね。

損得勘定より「好き嫌い」の方が、生み出すパワーは大きいんです。人間だから損得は考えるよ。でも自分もそうだったけど、やはり好きの力が損得に勝る。

（2015・10・23）

タイトルを得る心意気

僕の育ったブラジルでは、選手の経歴紹介がやたらと長い。タイトルと名付けられそうなものは残らず盛り込まれる。日本だと恥ずかしくて引っ込めそうな、例えると「○○町内カップ」みたいなものまでも。

それだけタイトルというものにこだわりが強くて、欧州のクラブは獲得タイトル数、そしてそれをもたらした選手をすごく評価する。日本ではよく「カズさんは生涯で何点ゴールしましたか」と聞かれはしても、いくつタイトルを取ったのかはあまり質問されない。

日本でプレーした外国人選手で一番すごいのは誰か？　彼らならリトバルスキー（ドイツ）と言うだろうね。1982年から3度ワールドカップ（W杯）に出て1回優勝、2回準優勝。ジーコよりすごい、という評価も大げさではないよ。

J2での優勝をタイトルに数えたがらない人々もいる。でもJ2王者もすごく立派なものなんだ。W杯やナビスコ杯（現ルヴァン杯）の歴代優勝チームをなぞれば分かるけど、タイトルをつかみとれたチームも選手も、全体のほんの一握りだけなのだから。

鹿島が制した今年のそのナビスコ杯。90分間圧倒し続ける、あれほど完璧な決勝は久しぶりな気がする。あの勝ち方なら、アジアクラブ王者にもなれたんじゃないかと思ってしまうね。

横浜FCがJ2を制して昇格した2006年。前半を0－0で終えさえすれば「もう大丈夫。負けない」と全員が確信を持つことができた。いまは2点リードしていても「逆転されるかも……」と不安になっていくのが残念でならない。

ヴェルディ川崎（現東京ヴェルディ）の頃、0－1と先行されても「負けるかも」なんて考えもしなかった。実際に2点取られようとも4点奪えた。「負けることはない。最後には勝つ」。おごりや過信でなく、自然にそう信じられる精神状態が強さなんだ。

また1つタイトルを手にした小笠原満男選手も、同じメンタリティーをまとっている。相反するようだけど、危機感もそこには同居している。いいメンタル、その根拠となるいい練習。僕のように1年で2度ケガして、チームが下降すると自分も沈んでしまう二流と、超一流の違い。タイトルのメンタリティーを見習わないとね。


（2015・11・6）

「大丈夫」とやってみる

2015年11月17日の日本対カンボジア戦は人工芝で行われ、「やりづらかった」という選手の反応を新聞で読んだ。そういった適応力が問われる状況では、最高のピッチも劣悪なピッチも、いろいろ経験していることが有利になるんじゃないかな。

思い返すとブラジル時代、ありとあらゆるグラウンドでサッカーをしてきた。田んぼみたいに足を取られる場所もあったし、芝があるのは四隅だけ、中央ははげていたところも。クロアチアでは雪上、というよりアイスバーンで紅白戦をした。そこでプレーするクロアチアの選手がまた、うまい。つまり、できる選手はどこででもできる。

ブラジルでの駆け出し時代は試合に出られず、「試合ができるなら、どこでだってやるよ。行く、行く」と前のめりだった。サッカーをできる喜びの方が勝っていた。やはりあの日々が自分のバックボーンだね。

アスファルトでサッカーをすれば、地面は硬い。だから危ない。でも子どもは適応力があって、硬ければどうするか、そこで生き抜く手段を見いだしていく。「転んだら痛い」と察し、自分で自分の身を守るすべを覚える。そんなブラジルのストリートサッカーが、昔より裕福になったら減ってきたと聞く。だからいいFWが育たなくなったと指摘する声もある。

豊かさの皮肉というか、日本でも中高生年代の代表の関係者がぼやいていた。中東へ遠征するといつものプレーが全然できなくなるらしい。普段、へんてこにバウンドするような芝でプレーしていないから。

真面目にいろいろ細かく敏感になるのは日本人のいいところでも悪いところでもあるような。「アスファルトは足に負担がかかる」と聞けば、少し走るだけで痛い気になってくるとか。僕はといえば「まあ、大丈夫だろ」とゴーサインを出すタイプ。物事に取りかかるときに「よくないんじゃ……」と後ろ向きなのと「大丈夫だろ」と楽しめるのでは、結果も違ってくる。

子どもの頃、言われてね。「いい勉強机を買ってもらわないと、勉強できないのか?」。その気ならベッドの上でもどこでも勉強はできる。与えられる条件って不備も不満もあるものだけど、「これでもできる」とやってみたら、どうでしょうか。

(2015・11・20)

走らずにはいられない

48歳、プロ30年目の節目のシーズンのはずが、残念な結果に終わってしまった。1年で4分しか出られなかった昨年に比べれば、春先は順調で16試合に出て3得点。でもチームが8連敗した夏に自分も状態を上げられず、2度も筋肉系のケガ。思い描いた出場数も得点数も満たしていない。

ただ、ふがいない結果にも、目をそらさなければ自分のためになることがたくさん埋もれている。何が足りないのかを勉強できる。

例えば足首を痛めたことで、思いのほか足の指の開きが悪くなり力が入りにくくなっていた現状に気づいた。そこで指周りを強化したら可動域が広がり、ケガする前よりジャンプがスムーズにできるようになっちゃった。こういうのは発見であり、喜びだよね。伸びしろがまだまだ自分にはあるなと実感するし、手を付けていないものがたくさんあって、それを絶対にサッカーへつなげたい。

というわけでこの30日間ほど、毎朝6時から走っています。サッカー人生でこんなに走っているのは初めて。自分のなかではもう第1次キャンプに突入です。

立ち戻るべきは基礎だと思っている。大人になると知らず知らず基礎がおろそかになりがちだ。ではスポーツの基礎は何か。走ること、土台となる有酸素運動だよね。だからそこに立ち返り、それも「毎朝6時に走る」と決める。夕方走る、では同じ走るでもダメなんだ。

6時にすぐ駆け出すには5時45分には目を覚まし、着替えなども前夜のうちに自分で用意しておく。前日も早く寝て備えて、と決め事ができる。やるのは自分独り。やめても誰もとがめない。どんより暗く、雨も降っている朝には、「今日はいいか」と悪魔がささやく。「休んでいいんじゃないの、雨だし」「いや雨だってサッカーするだろ」。それは自分との闘い。この闘いに勝って、よほどでない限り「やる」というメンタルを身につけたいんだ。

不運なケガ、悲運の敗北。勝負の世界は運が働く。でも僕は運に頼らない。止まって待つところへそれは転がってこず、目標に向かっている人の足元へしか運というものは回ってこない。現状維持は停滞。自分を進めることだけを考えていたい。新しい自分になって、2月にまたこのコラムへ帰ってきます。

（2015・12・4）

Ⅲ　まだまだこれから——2016年

5月2日　日本代表ＦＷの岡崎慎司が所属するレスター・シティが、クラブ史上初となるイングランド・プレミアリーグ優勝。

6月3日　ボクシングの元ＷＢＡ・ＷＢＣ統一世界ヘビー級チャンピオンのムハマド・アリ逝去。

6月15日　横浜ＦＣミロシュ・ルス監督辞任。新監督に再び中田仁司が就任。

6月15日　ＭＬＢ、マーリンズのイチロー選手が、日米通算４２５７安打を記録。

8月5日　リオデジャネイロ五輪開幕。サッカー日本代表は1勝1敗1分でグループステージ敗退。

8月7日　セレッソ大阪戦で当季2得点目。自身の持つＪリーグ最年長ゴール記録を49歳5カ月12日に更新。

9月10日　広島カープが25年ぶりにセ・リーグ優勝。

12月3日　１ｓｔステージ1位、２ｎｄステージ11位の鹿島が、年間最多勝点の浦和にＪリーグチャンピオンシップで1勝1敗、アウェーゴールの差で年間チャンピオンに。

＊**太字は著者自身の動向**

敬称略

目の前の一日を生きる

カズさん、2016年はどんな年にしたいですか。この時期はよく聞かれるけど、そう先のことを語る状況にないというのが、今の偽らざる心境かもしれない。リーグ開幕へ向けた調整はスムーズとはいえず、昨年10月にケガをしてから実戦を随分と離れてしまった。久々に2月9日にセレッソ大阪との練習試合で45分間出て、これから練習試合を重ねるなかで体が耐えられるか、どう反応するか。

昔はスケジュール通りに事が進まないと、とにかくトレーニングを積み重ねることで焦りを打ち消していた。でも、そのやり方だけでは、体がきしんで逆効果になることもある。

今の僕はクラシカルなレースカーみたいなもんだ。30年以上もレースを回ってきて、納車したての新車とは違う。タイヤ交換も必要だし、オイル漏れだってあるだろう。エンジンは水冷でなく、空冷かもしれないな。でもエンジン自体はちゃんとしている。蓄積されたフィーリングもあるから、レースを走れと言われれば立派に走ってみせる。それが積み重ねというもの。ただ、レース前のチューニングからレース後のメンテナンスまで、昔以上にまめにやらないといけない。

明日どうなるかを約束できない。だからこそ、まず目の前の一日をいいコンディションでやり抜くことに集中している。朝起きてトレーナーと筋肉をほぐし、引き締める。練習して、またほぐし、冷やす。日々チューニングの繰り返しだ。「今日はいい練習ができたな」「いい練習とまではいかないけど、ケガもないし、よしとしよう」。リアルに一日一日を生きている。

年間42試合、焦らずに見据えたい。生きていれば想定していたコースから外れることだってある。そんなとき、一日や一試合だけで取り戻そうとはしない方がいいんだ。ある一日、ある一試合が良くても次もOKというわけじゃない。逆に一日悪かったからといって、その先もダメというものでもない。一日一日、良い要素だけでなく悪い要素も感じ取りながら進んでいきたいと思う。その心構えがあれば、どんな一日ともポジティブに向き合える。

そんなわけで一歩一歩、新しいシーズンへと歩んでいます。

（2016・2・12）

喜んでもらえる幸せ

いっそ、50歳とみなしてくれていい。本日、49歳を迎えてそう思います。中途半端に40代のままよりも、「50歳のJリーガー」の方が突き抜けていていい。

39歳から40歳になる年は「不惑のカズ」と書かれたものだった。惑わず、迷いなく、より輝く40歳。でもいま振り返れば40歳も若かったなと思います。さらに20歳のころまで遡れば、ずいぶん失礼な若造でした。

ブラジルから帰国したての頃、一方通行の道へ構わず逆から突っ込んだことがある。よりによって交番の脇。そりゃあ止められて連行される。そこで僕は自分からイスを引いて腰掛けて、ふんぞり返って足を組んだ。「なんだ、お前のその態度は」とお巡りさん。

「いや、僕はいつもこうですから」「仕事は何なんだ」「サッカー選手です」

年ごろの若者が背伸びして強がるのと似たものだけど、「ろくでもないスポーツ選手」と思われなかったわけがない。反省しきり。ただ話しているうちに打ち解けて、別れ際には仲良くなっちゃったんだけどね。

地球が過ごしてきた年月に思いをはせてみる。一日一日、ミリ単位で進行するものが、何万年という流れのなかで文明となり電気や車のある生活となる。そこで人の命の80年などはほんの一瞬だけど、その一日一日がなければ現在のこの生活も生まれ得なかった。僕もこの49年、プロで31年、自分でことさら自覚はしなくても、積み重ねてきたものが大きいのだろう。そして毎日毎日、変化する。

「つめ切りのロールスロイス」とさえ言われるつめ切りを作る日本の職人を紹介する番組を見た。訪れた若い女性が「おいくつですか」と聞く。「まだ83歳です」。言われるまでは70歳くらいにしか見えなかった。そして若々しくハッキリと「とにかくいい商品を作って、お客さんに喜ばれたい」と答える。そう語れる生き方って、すてきだね。

毎日毎日、反省する。充実も味わう。そんな一日に感謝ができるようになった。ひたすらサッカーを頑張る。そこに特別なものはない。プレーする。ダンスする。人が喜んでくれる。それがうれしさとなって自分に返ってくる。だからまた頑張れる。喜んでもらえることに幸せを見いだせるようになるんだ。

（2016・2・26）

「当然だろう」に隙あり

日本とフランスが悲劇で重なっているのを知っていますか。僕ら日本代表が1994年ワールドカップ（W杯）出場をドーハで逃した1993年秋、フランス代表もパリでの予選最終戦の最後の最後でブルガリアにゴールされて、W杯に進めなかった。次回W杯は自国開催であるのにもかかわらず。

その1994年W杯はイングランドも出られなかった。キック・アンド・ラッシュという大ざっぱなサッカーや、外国人監督など外のものを受け入れない気質を島国的と批判されていたころだ。サッカーの母国というプライドも邪魔をした。そこで考え直し、今に至る変化が始まったと聞く。

女子代表「なでしこジャパン」が、リオデジャネイロ五輪に出られなくなった。代表の雰囲気というものは当のチーム内だけで形成されるものじゃない。その外、ひいては国民全体に漂っているムードが伝染する。中にいる選手に油断はなかっただろう。でも取り巻く側が「当然、出られるだろう」と感じていたのは否めない。僕も含めて。

我々イングランドは母国なんだ、当然出られるだろう。王国ブラジル開催のワールドカップだからドイツが相手でも当然勝つだろう……。その「当然だろう」に隙はできる。そしていざ逆の現実になると「え、どうして」と立ちすくんでしまう。2014年のW杯準決勝でホームのブラジルがドイツに1－7と惨敗した悲劇のように。W杯と五輪で優勝、準優勝、準優勝。だったらなでしこも予選は当然……というふうに、僕らサッカー界も国民も玉座にあぐらをかいてしまったのかもしれないね。

横浜FCに加入したスロベニア人DFがいる。「欧州と守備のやり方がだいぶ違う。日本に慣れないと」と言う。ん？　僕らはさんざん欧州の映像を見て、ラインのつくり方や押し上げ方をそっくりにしている。なのに「違う」って？

ある監督の下で長くやったコーチが手法やイズムを踏襲して采配を振っても、同じようにいかないことがある。僕らも本物になれていないのか、やり通せていないのか。「当然だろう」が錯覚になり現実とのズレを招くように、分かったつもりの自分が分かり切れていない何かがある。

その何かを僕は知りたい。

（2016・3・11）

環境を自分色に染める

サッカー選手の場合、同じクラブに3年とどまることの方が珍しい。それだけ今はビジネス色が強くなっていて、海外では特にそう。65億円だとか、ものすごい金額で中国リーグへブラジル人が移籍してもいる。

お金がもたらすこのダイナミズムが花を咲かせるのは10年先だったりもする。国際的な選手を間近でみた中国の10代の少年、同じピッチでプレーした20歳の若者は、相当に感化されてレベルアップすると思うよ。

「お金で買われて」と批判もある。でもね、もし僕のトレーナーに「5倍の給料を出す」という雇い主が現れたら、僕だって引き留められません。むしろ「行った方がいいぞ」と言うだろう。彼の生活がどれだけ楽になるかを考えるとね。

同じ仕事で報酬は10倍にしますとの誘いがあなたにきました。どうします？　新天地が海外だと、ちょっと即答できない？　すみかが変わり、慣れない言葉や環境が気にかかる人もいるのかな。

僕はほとんど、ためらわない。お金がすべてなわけではなく、それだけの額は自分の色々な面が評価され、価値を認められたしるしでもあるからだ。

15歳からブラジルでいろんな町に身を置き、大抵のことには慣れっこになっている。ジャウーは人口11万人、マセイオだと100万人くらい。サンパウロとなると1000万人超えの大都市。でもSEマツバラにいた時の町、カンバラは人口2万人ほどしかない。ほんとに閑散としていて、ホテルときたら……。ある地方のJリーグクラブが「すごく田舎で」と移籍した仲間から聞かされ、遠征で行ってみたけど、「カンバラに比べりゃ何でもあるな」と平気でいられたものね。

ブラジルでは選手もクラブも「てっぺん」だけを見ていた。今の場所を去る寂しさより、ステップアップできる喜びが大きかった。試合をできる幸福感が、ささいな環境のことなど忘れさせてくれる……結局、今もあのときのままですね。

以前は手にしていたものがなくなり困ったとしても、どこかで似たものを見つけ、仲間もつくって。どの町でもそうだった。環境を自分の色に染めるすべをいつしか身につけたというか。環境なんてものは、自分がつくればいいと思っているから。

（2016・3・25）

海外での「孤独」バネに

一体何が香川真司選手たち欧州組をあれだけ奮い立たせ、こうも長く日本代表で活躍させているのだろう。日本選手としてのプライドみたいなものが、日本にいる選手よりも強いからじゃないのか。先月のシリア戦を眺めながら、そんなことを考えていた。

これだけサッカー界がグローバル化し、「日本人なんてダメ」という差別や偏見はなくなったとしても、外国人としての見られ方、評価のされ方にはいまだに厳しいものがある。日本は世界で一流国と見なされてはいない。それは社会が自分を簡単には認めてくれない現実でもある。海外で戦う人間には、孤独がある。

体一つでブラジルに飛び込んだ頃、日本人の自分がユニホーム姿になっただけで、ブラジルの人々は物笑いの種にしたものだった。もちろん今は時代が違う。でも僕はあの見下された感触を今でも忘れてはいない。異国人の存在に注がれる視線の根底にある厳しさを、どこかで意識している。

日本でなら外見も習慣も同じ仲間がいて、紛れるものもあるだろう。向こうではそうはいかない。誰も、どこからも助けはこない。そんな境遇がおそらく、自分は何者かというアイデンティティーを育む。〝外国人〟の彼らを強くしていく。

本田圭佑選手らにしても、ギリギリの状態になるほど力を発揮するようにみえるのは、そもそも毎日、切羽詰まる局面にいや応なく立たされるからだ。あすが保証されたものではないという現実を自覚した者の強さというか。その感覚は一度日本の外に出ただけで体得できるものでもない。彼らは外の世界でお金を稼ぐことを何年も続けている。海外挑戦が珍しくない今でも簡単なことじゃない。

その年月で手にしたメンタリティー、日本選手としての誇り、パッション。代表のユニホームをまとったとき、それはJリーグの選手より色濃く表れ、彼らのフットボールを形作る……。

はじけんばかりにサイドを駆けた長友佑都選手に、俺は生き抜くという意志を見る。30歳が迫り、好選手が次々現れる現実にあっても、世界一のサイドバックになるという心の声が聞こえる。そこに満足はかけらもない。ダメなんだろうね。僕らも、あれくらい飢えていないと。

（２０１６・４・８）

立ちすくむだけでなく

自分が何気なく過ごしている1分と、熊本の地震で被災している人々が直面している1分。同じ1分がどれほど異なっていることだろう。東日本大震災が起きた5年前にも思ったことだった。

避難所のトイレはくみ取り式が多く、用を足すのを我慢しがちになると聞く。だから水分を控えがちになり、そうなると無意識にあまり動かないようになっていき、体に悪い方、悪い方へと陥りがちという。「普通」に過ごせない大変さは、今の僕の何倍ほどか。そう想像を巡らせてみても、当事者の方々のつらさに追いつくことはできない。

サッカーの試合をしていていいのか。ゴールだからと喜んでいいのか。被災地のためにどう振る舞えば。4月17日の東京ヴェルディ戦で先発する前に、いろいろと考えた。でもいったん、「○○のために」とあれこれ考えるのはやめた。何が適正か、余分なのかは分からない。でも目の前に試合はある。まず自分ができること、全力を尽くすことに集中する。疑問を抱えたままプレーするなら、しない方がいい。

前半、自陣ゴール前で失点寸前のピンチ。シュートをブロックしに体ごと突っ込んだ。膝、腰、どこに当たったか分からない。とにかく止めた。激しくぶつかったのに、なぜか痛くない。集中でアドレナリン全開だったんだろう。練習でなら、「ケガするんじゃ」とひるみそうな場面なのにね。

66分で交代するまで走行距離はチームのトップ3だった。僕はピッチでやたら動いているように見えるみたい。49歳のＦＷ、走りすぎ？　そんなことはない。だって味方の誰も「カズさん、動きすぎです」と制してくれないよ。むしろ「いいえ、守備を助けるためにはあれくらい走ってくれないと」だものね。でもこんなの、どうってことないんだ。被災した人はもっと苦しい時を過ごしているのだから。

助けるべき立場の人間が悲しみ、立ちすくむだけでは物事は前へ進まない。自分の使命に耳を澄ます。それが責任であり、仕事であり、それがサッカーであるのなら百パーセントの素晴らしいプレーで応えたい。そのスタンスに支援のメッセージを込めたい。もう少し時間がたち、「日常」のありがたみが戻りかけたなら、僕らのスポーツも力になれる時がくる。

（２０１６・４・22）

奥深いレスター物語

イングランド・プレミアリーグで優勝したレスターをみんなが「すごい」と語る。何がすごいのか、僕も説明しようとする。でも、すごさの本当のところは分かっていない自分がいるんじゃないかと思うんだ。

これは「三浦知良ってのは……」と日本の誰かが褒めてくれても、外国人にはよく分からないのと似ている。ワールドカップにも出ていない、代表キャップ数など記録ももう抜かれている。今や欧州トップリーグでバリバリ活躍するすごい日本選手が大勢いるのに、何でと。それはおそらく同じ時代を過ごした人々が僕に重ね合わせるもの、見いだしてくれる価値のようなものがあるからだろうけど、そうしたバックグラウンドを共有していないとなかなか理解しづらい。

同じことが僕らから見たレスターにもいえる。何しろ優勝にたどり着くまで132年。祖父から孫へ5代にもわたってファンやチームが重ねた時間、編まれたストーリーがあり、簡単には知ることのできない深みと重みがそこにあるはずだ。

向こうの文化一つとっても僕らは分かった〝つもり〟かもしれない。例えばジェノアとサンプドリアはともにイタリアのジェノバを本拠にする宿敵。あの町でジェノアびいきのファンにジェノア戦の結果を聞くと、こう答える。「それより悔しいのはサンプドリアが勝つことだ。うちの勝敗はどっちでもいい。サンプドリアが喜ぶことが許せん」。そこまでの愛憎、日本ではピンとこないでしょう。

ファッション界で「ピッティ」といえば日本も注目するイタリアで先端の見本市だ。でも知り合いの洋服屋さんが言うには「あそこに出展するのは資金力のないブランドでもあるんです。グッチとか世界的ブランドは単独でファッションショーができちゃう。小さくてそれができないから、寄り合う」。マイナーゆえの人知れぬ事情もあるわけだ。レスターとも通じるものがあるような……。

そのグッチも今の地位を築くのに創業から約１００年かかった。レスターの１３２年間といい、事を成すには時間がかかるということでしょうか。

気になるのは、レスター物語が映画化されるとして、岡崎慎司選手役は誰がするんだろうということ。

（２０１６・５・13）

「マリーシア」も強さ

その昔、日本サッカーはずる賢さが足りないと言われた。いつも全力、守備に回ればとにかくボールと相手を追い回す。でもリードする状況なら誰かが足を痛がってでも時計を進めるといったマリーシア（抜け目のなさ）が欠けていると。

5月22日のセレッソ大阪戦にＦＷで先発した僕なども、今では相手ボランチに対して賢く守備をする。ボランチを〝消す〟役だけど、ひたすら張り付くわけじゃない。ボランチと相手ＣＢを結ぶ線上に立ち、背後を見ながらパスコースを切っていく。ポジショニングや味方との距離感、駆け引きも交えて主導権を握るわけだ。時には口で攻撃したりして。

10年ほど前のリーグ戦。左ＭＦの僕の対面に相手がスピードスターをぶつけてきた。「カズのところで縦に勝負しろ」とベンチで相手監督は叫ぶ。スピードじゃ旗色が悪い。そこで僕は快足君の耳元でささやく。「足が速いんだって？　見せてくれよ。俺をぶっちぎってくれよ……」。すると彼は勝負してこず、パスを選んでくれた。人間、殊更に言われるとやりづらくもなるからね。プレッシャーをかける心理戦もマリーシアの一つ。パラグアイもコロンビアも、南米はどこもしたたかさがサッカーに根付いている。ピッチ脇に予備ボールのない時代、ホームチームがピンチでクリアするとしばらく試合が止まってしまう。スタンドに飛び込んだボールを観衆が戻さない。お客までもがマリーシア。

じらし方がうまく、守るなら徹底してベタ引き、と思ったら急に攻撃してくる。元日本代表のラモス瑠偉さんはそこの緩急が抜群だった。ゆるゆるとパスで相手を走らせ、自分は汗もかいていないようで、走るとなるとものすごく走る。フィジカル全盛の傾向にある現代はそんな名手も減りつつあるのかもね。

それでも勝てるチームはしたたかさを組織として備えている。セレッソ大阪戦で横浜FCは87分に先制、勝利をつかみかけた2分後に失点してしまいドロー。もっと抜かりなく、試合を終わらせないと。

強いチームは逃げ方も知っている。それも一種のマリーシア。ボールとゴールをうまく盗み、逃げるのもうまい……スリが腕利きなのもブラジルらしさです。

（2016・5・27）

心の中にアリはいる

1993年、僕は福岡で試合を終え、翌日の結婚式へ向かおうとしていた。宿泊先には出待ちするファンが押し寄せている。ホテルから要請されて地下通用口から車で出た。すると式に招いている同乗者が怒った。「なぜファンの前に出ない？　お前を待っているんだぞ。アリなら必ず行く。どんな理由があっても」

彼はムハマド・アリのマネジャー、ジン・キロー。アリ本人に会ってはいないけれど、ジンを通じてアリの言動やファンの楽しませ方を学んだ気がする。よほどでなければファンの前へ顔を出すようになったのも〝アリに怒られて〟から。

ニューヨークで妻とボクシング観戦をしたとき、会場にはアリと死闘を演じたライバルがゲストで訪れていた。「元チャンピオンが来場しています。ジョー・フレージャー！」とアナウンスが響く。しかし出迎えるように連呼されたコールは、こうだった。

「……アリ、アリ、アリ！」

アリはいない。でも「フレージャー」と聞けば、アリの名を叫ばずにはいられない。

かくも人々の心のなかに彼は住んでいた。

僕らは少年時代、野球のルールなど教わっていない。でもボールを打てば三塁ではなく一塁へ走った。長嶋茂雄さんや王貞治さんを初めて見た日は覚えていない。むしろ、いつの間にか心に焼き付いている。アリもそんな一人。つまり彼そのものが文化なんだね。

弱い人の側に立ち、強い人に立ち向かう人だった。差別と戦い、メダルさえ投げ捨て、非国民と呼ばれようともベトナム戦争への加担を拒否した。それでも信念を貫いて、あるべき姿に変えていく。その生きざまを自伝で僕がたどったのは「代表にカズは不要」とささやかれていたころだ。自分は小さいな、と思ったよ。アリを知ると、僕が浴びたものはバッシングにもならないささいなことだと。

20年ほど前、ラスベガスにあるマイク・タイソンの豪邸に招かれた。案内された寝室には愛する家族の写真に並び、アリの写真が飾ってあった。「彼はグレーテストだからさ」。最強と称され、泣く子も黙るタイソンが父親を語るかのように慕っていた。ベッドのサイドテーブル、心のすぐそば。そこに偉大なアリは生きていた。

（2016・6・10）

水面下の積み重ねこそ

60分間出場してもボールに絡めないときもあれば、たった5分間でも「今日は点が取れそう」と感じられるときもある。6月19日の岐阜戦は後者だった。チームの流れ、自分の流れ。僕のコンディションも上向いていて、ヘディングでの得点が生まれた。去年の2度の肉離れはもう尾を引いていない。ケガせず継続して出場できれば、いい風に乗れる手応えがある。

人生ではどこかでリズムを狂わされる局面に出くわすものだ。予想外のこと、自分ではどうにもできない要素。いい風ばかりは吹いてこない。試合に出たり出なかったりが繰り返されると、自分が流れに乗りかけていても引き戻されることがある。継続性が切れれば、メンタルも安定しない。

そんな風にぐらつかされながらも、心は崩さず、立て直して続けていく、大リーグのイチローさんにはそうした力をいつも感じる。

体は油断すれば衰える。やらなければならないことが次々と頭に浮かぶ。筋トレもやんなきゃ、チューブトレーニングも……。24時間では時間が足りないくらいだ。でもそれらを全部詰め込むのも危うい。人間、やればやるだけ消耗もする。「負荷を上げたいけど、どう？」「いや、バーベルは6枚でなく5枚でやめて」。トレーナーと一緒に迷って、取捨選択。偏らずにバランスよくルーティンを改めていく。表には出ないプロセスが、今季1号ゴールには潜んでいるんだ。

ボールを右、左と交互に転がしてもらい、振り子のごとく往復してシュートする。居残り練習をこの1カ月、地道にやってきた。若手やGKに付き合ってもらい、入れた本数を競って盛り上がりながら。本数にして何百本にもなるのかな。

だけど同じかたちのシュート場面、試合でまだ一度も巡ってこない。なぜか得点は練習してこなかったヘディング。何とも非効率、すんなりといってくれない。だからといって、やめません。何百回で1回報われるかどうかの水面下のプロセスを「評価して」とは求めない。感覚を研ぎ澄まし、内なるリズムを保つために僕は向き合い続ける。

小さな積み重ねが、大きなところへたどり着かせてくれる。イチローさんが日米通算4257安打という形で教えてくれているね。

（2016・6・24）

誇りも夢も手に入れる

札幌戦で出向いた函館で後輩にこんな話をした。「この北海道でゼロから立ち上げたクラブが、10年後、クラブワールドカップで活躍するかもしれないよ」

人口33万人のアイスランドが欧州選手権で大国を倒して勝ち進む。8年前、まだ地域リーグの松本山雅へ移籍する仲間を「大変だろうな」と見送ったものだ。あれから松本はいつの間にか僕らを抜いてＪ１へたどり着いた。今週、練習試合をした浦安は日本フットボールリーグ、こっちはＪ２。これも立場が逆転する日がくるのかも……。そんな夢を抱けることがサッカーの素晴らしさだと思う。

欧州選手権や南米選手権を見ていると、選手の体からほとばしる誇りが羨ましくもあり、嫉妬に近いものさえ覚える。自らの存在をかけた激しさ。僕も横浜ＦＣも、もっと熱くならねばと思わずにいられない。

札幌戦当日。いつもの午前6時30分に起床してテレビをつけると、そこから動けなくなった。欧州選手権準々決勝イタリア対ドイツがＰＫ戦にさしかかっていた。僕はジェノアで過ごしただけにイタリアを応援してしまう。ただイタリア対ブラジルだったらブラジル側につく。日本対ブラジルなら、複雑ながらもブラジルに肩入れするね。

国として好きなのは断然、日本。でもサッカーではブラジルが一番であってほしい。あの地に育ててもらい、30年たってもなお自分に息づく根本的なもの、サッカー人としての魂をブラジルはくれた。それが僕の誇りでもあるからだ。

南米の彼らは出稼ぎ先の欧州でどれだけ染まろうとも、南米へ帰れば自国のサッカーをやる。原点とするものに誇りと威信をかけ、余すところなく表現する。それが強さでもあるだろう。そうした誇りを僕は札幌戦で示せなかった。何もできないまま、ふがいない。じゃあ、どうする？

4戦続けて先発し、勝利した町田戦は自分たちが報われた気持ちになれた。週初めの筋トレから晴れやかに臨めた。同じ筋トレで今週は「こんちきしょう」と思いをぶつけて新たに幕が開く。喜びで迎える朝があれば、悔しさを抱えて迎える朝もある。そのどちらもサッカー人生。誇りも夢も、取り戻すなら練習しかない。そこにしか僕の進む道はない。

（2016・7・8）

「その判定、誤りですよ」

先日の試合で開始早々、反則をしてしまった。僕がキックオフすると、すぐさま審判の笛がピー……。

7月からルールが改定され、キックオフでボールを前に限らずどの方向へ出してもよくなった。では、とすぐドリブルしたんだけどそれは違反らしい。把握不十分で恥ずかしい限り。

ルールなるものは変わるもので、イエローカードも昔は存在しなかった。ペレが1966年ワールドカップでひどいラフプレーをされ、欠場を余儀なくされたことなどから導入され始めたと聞く。

僕がいた頃のブラジルは審判のジャッジも「攻撃的」で、ゴールへ向かう限りは、相手との接触で倒れても攻める側にFKをくれる印象だった。それが敵味方ともに共通理解になっていた。おのずと仕掛ける選手が増え、FWも攻撃的になる。いい位置のFKが増えて結果的に盛り上がり、それも一つのブラジルサッカーの文化と思っていたね。

ジェノアとサンプドリアのダービーが1点差で決着した日。その1点はオフサイドギリギリの際どいゴールだった。ジェノアの街はそのワンプレーを巡って一晩中、議論で沸き立つ。パスが出た瞬間、守備ラインの映像を延々と流し、巻き戻し……。「ライン上だ」「いや、出ている」。入れられた側が最後に言い出すには「鼻が出ているぞ！」。

日本だと微妙な判定には「どうですかねえ」「審判の決めたことですから」と解説されもする。あやふやにして追及は半ば。イタリアやブラジルは自分の見たものを信じ、判定にも「誤りは誤り」とはっきり主張する。「警察官なら泥棒はしない」とは彼らは考えない。それ以前に人間だから。

7月13日に新潟が川崎に敗れた一戦でオフサイドに見えなくもない得点があったのだけど、それを議論の種にした新聞もテレビも今のところ見当たらない。イタリアなら寝食も忘れて言い合っているよ。「我々、新潟は勝っていた。だって鼻が……」と。

表立った異議は審判を傷つけるとの意見もある。でも黙っているだけでは審判だって進歩しないし、人々のサッカーを見る目も養われない。「審判ってのは、そのリーグのレベルと一緒なんだ」と言ったのは加茂周さん。判定を語る水準が、すなわち僕らのレベルということだね。

（2016・7・22）

悔しさ忘れず強くなれ

リオデジャネイロ五輪サッカー男子日本代表がブラジル五輪代表と戦う親善試合を見て、懐かしさがこみ上げてきた。ゴイアニアのセーハ・ドラーダ競技場で僕もブラジル選手権を戦っている。1得点1アシスト、3―2で勝ったからよく覚えている。すり鉢状の会場の面影なんて、あの頃のまま。あれは1989年、僕が22歳のとき。今の五輪世代と同じ年ごろに、同じ場所で僕も格闘していたんだ。

ブラジルの力は体験したこともないレベルで、それくらい圧倒的な差だったと、選手たちの発言からうかがえる。僕はね、それこそが求められていたものだと思う。今回のような体感があってはじめて、僕たち選手は「日本にとどまっていてもダメなんじゃないか？　世界へ、こういう選手と戦う場所に行かなければ」と気づく。気づいたからといって、誰でもたどり着けるものでもない。でも、ゴイアニアで刻まれたものを彼らが日本に持ち帰ったとき、取り組む姿勢が変わってくる。それが他の選手にも伝わっていく。

打ちのめされるのは、楽に勝てる相手と戦うよりもはるかにいい。次に本大会1次リーグでピッチへ立つとき、違ってくる。本番前は本番前、と割り切って前を向こう。胸の奥の悔しさだけ忘れていなければいいんだ。

五輪を担う「23歳以下」の23歳という立ち位置は、日本と世界ではだいぶ違う。日本では大学卒の選手も多くて「新人」のイメージがあるけれど、世界で23歳はもはや新人じゃない。18歳や19歳でデビューする海外では〝若い〟のは20歳ごろまで。いまブラジル五輪代表の前線を組むバルボサとジェズスの「2人のガブリエル」はともに19歳。それがスタンダードなんだね。

気になるのは、いまのブラジルは〝らしくない〟こと。2年前のワールドカップ（W杯）準決勝で1－7と大敗、南米選手権も不振は続き、今年は1次リーグ敗退。このフル代表の屈辱を、昔なら相手にもしなかった原則23歳以下の五輪で晴らしたいという下心がどうも……。そんな形で埋め合わせしたいという焦りが一番心配。

王国なんだからドンと構えていなきゃ。ブラジルの力を示すのはそこじゃないでしょ、W杯の雪辱はW杯でしか果たせないでしょ、と声を大にしたいですね。

（2016・8・5）

メダルで回り出す歴史

ボルト選手はリオデジャネイロ五輪の陸上100メートルでスタートしてから次々と考えを巡らせたという。「足が重い。死んでいるようだ」「いや、いけるな」「このまま維持すれば絶対抜ける」。〝このまま〟といっても、それほど9秒間は長くないはずなんだけど。

辛抱強く100メートルを走りきる、のだという。2時間かかるマラソンで「辛抱強く」ならまだしも、わずか9秒の、どこでどう我慢するんだろうと思ってしまう。あの世界で鍛錬した人だけが感知できる9秒間の流れ、ドラマがあるんだね。

考えてみると僕もセレッソ大阪戦でのゴールシーンで似たことをしている。1秒もかからぬ瞬間に、頭が3つほど選択肢を浮かべて処理している。「打つか?」「ん、違う」「少し外へ持ち出すか」。体は答えを選び取り、シュートしていた。

卓球になると速すぎて、僕の目は追い付かない。まばたきの間に展開される判断と技の物語。休むことなく訓練した末に体に染み込ませた、一つの芸術だよね。

日本競泳が右肩上がりになれたのは「北島康介選手が五輪で勝つことで、自分もできると周りが思えたことが大きかった」と競泳代表経験者から聞いた。魔物に例えられるプレッシャーも、「できる」というエネルギーも、自分が心のなかでつくりあげるもの。さほどにメンタルが鍵なんだ。

メダル獲得はなぜか連鎖するもので、メダルを一度も取れなかった卓球男子が、1つ取ると団体でもメダルに輝く。もちろん積み上げあってのものだけど、1つのメダル、優勝で歴史は急に回り出す。

サッカー日本代表もそうだった。その昔はアジアで勝てず、1990年アジア大会では相手にすらされない。それが1992年ダイナスティカップに優勝するとアジアで結果が出始める。2~3年でグンと一変して。

今回のサッカー五輪代表は、アジアで勝ち始める前の僕らと似てもいる。「強敵をギリギリまで追い詰めた」「惜しい」。25年前もそう。ただ、そこにとどまる限り歴史は動き出してくれなかった。

代表というものは残した結果でしか認知されなかったな、その宿命はプロの世界、今の自分も同じだよな——。リオの熱気にそんなことを考えています。（2016・8・19）

絶体絶命の財産

19年前、1997年のワールドカップ（W杯）アジア最終予選の初戦。僕は4得点、6－3の好発進に貢献ができた。でも1つのゴールで大量点が導き出される試合は、最終予選ではほぼ期待できない。力の差が得点の差として表れない、そんな困難が待ち受ける。

いまのアジア勢は日本の力を認めたうえで打ち負かす策を打つ。日本代表は立場が上だけに背負うプレッシャーもあるだろう。ただ相手も日本戦に勝てばすぐW杯へ出られるわけじゃない。他の国同士も勝ち点をつぶし合う。自分だけが負けるわけでなく、自分だけが勝つわけでもない10試合。だから1つ星を落とした、1つ引き分けたからといって悲観に傾かなくてもいいんだ。

一度の敗北やドローが、勝利より何倍も大きく取り沙汰されることだろう。周りがネガティブにざわついても、流されないこと。ベテランがかじを操ってくれるはず。彼らが代表で踏んだ場数と経験の豊富さ、それを支えとして、最終予選が初めての選手は伸び伸びとやればいい。地力が今の日本にはあるのだから。

僕も力になりたい、といっても最近は「カズ会」で会費を引き受けることしか、力になれてないけどね。

それはさておき、19年前の10月、僕らは絶体絶命の淵にいた。最終予選6戦目、国立競技場でアラブ首長国連邦（UAE）と痛恨のドロー。1週間後にUAEがホームでウズベキスタンに勝った時点でW杯出場への道は閉ざされる。バスに詰め寄るファンと一触即発になったのも、その夜だ。

「カズさん、もっと絶体絶命のところからはい上がったことだってありますよ。大丈夫ですよ」。同じ晩、背中を押したのはヒデ（中田英寿氏）だった。彼は20歳、その泰然ぶりの頼もしかったこと。そしてUAEは引き分け、日本はフランスへの道をひらく。

サッカー人生で追い込まれると、あの夜を思い出す。横浜FCで昇格の可能性が消えかかるとき、ピッチに立てず先が見えないとき。「まだ分かんないぞ。大丈夫だ」。本心からそう思える。実感を伴う力が湧き、奮い立つ。

思うようにいかないのが戦いの常だとしても、平坦でなかった道のりが財産となり、強みとして、今も僕のなかで生きている。

（2016・9・2）

ビッグクラブを作ろう

25年ぶりに広島カープがリーグ優勝した日の広島地区平均視聴率は60％にもなったという。Jリーグでサンフレッチェ広島が優勝してもこうはならないんだろうね。リーグ歴代王者、世間の人々は答えられないかも。サッカー界の人間ですら「あの年はどこだっけ」と一瞬、考えてしまうことがある。

リーグ元年の頃、ヴェルディ川崎（現東京ヴェルディ）はひいきもアンチも巻き込む圧倒的な強さと注目度があった。あれから監督や解説者になった人、サッカー協会で要職を担う人、サッカーとは別の道で花開いちゃった人。さまざまだけど今も名前を知られていて、自分の名前で食べられている。

スペインのバルセロナやレアル、ドイツならバイエルン。優勝してばかりでつまらないとしても、そういうチームがいるから盛り上がる。ネームバリューも圧倒的だからお金を投じる人が出てくる。そんな断トツのビッグクラブが日本にもできないとダメかなと思う。リーグを潤すお金は水と同じ。上から下に流れても、下から上には流れにくい。

下を平等に潤すだけだと繁栄もしないのでは。

プロ野球には「球団の戦力を均等化してリーグ全体を盛り上げるべし」という意見があるという。野球文化の根付く日本では、考え方の主流はそちらかも。横浜フリューゲルスを消滅させてしまったトラウマがJリーグにはあって、潰さず守るという前提でここまできた。でもそろそろ実力も知名度も突出したクラブを作る時期では。それもアジアの人々に名前をすぐ連想してもらえるほどビッグなものを。アジアの盟主を国策で作るくらいでいい。

外交にも一役買えるよ。欧州では首脳が集まればサッカーが共通の話題の種になる。会談の場もなごむ。友好事業の橋渡しもできるだろう。コミュニケーションツールとしてもビッグクラブの力は侮れないんだ。

注目は選手も伸ばす。目をかけられる環境に置かれ、見られているとの意識が選手を変えていく。スターは自分以外の人に育てられるもので、注目されないスターはスターじゃない。自分の家の鏡の前で踊っていてもビッグになれない。自宅で一度されてみれば分かります。Jリーグが自宅の鏡の前で踊るスターにならないように。

（２０１６・９・16）

「まだ大丈夫」は手遅れ

優勝争い、残留争い。秋は順位を意識せざるを得なくなる。優勝できるのか、残留はできるのか。負けられない——。そういった類いの無言の圧力は、日ごろから感じている方がいいと僕は思う。

引き分けはちょっと〝負け〟の感じ。負けたらもう罪を犯したかのよう。ヴェルディ川崎（現東京ヴェルディ）で僕はそう思っていたね。5連勝中に1分け1敗でもしたら、この世の終わりのような悲壮感がクラブの隅々まで満ちてきた。ピリッとした緊迫感に浸れた。強者とそうでない者との差は、そんな空気の差でもある。

「カズ、大問題だ。恥ずかしいよ俺は。変えなきゃ」。12勝6敗だった1993年第1ステージでラモス瑠偉さんが深刻に話す姿を覚えている。大問題……12勝6敗は横浜FCなら〝いいね〟なんだけど。昇格プレーオフ圏に近づく7位につけ、良くなったといわれても13勝12敗8分けだから。

落ちていくチームには、どこかに緩みができている。練習や規律にささいな形で現れ、見過ごされていたりする。横浜FCのある勝利日の翌日。1、2分だけ練習開始に遅れた選手を中田監督が激しく怒った。「9時30分から練習なら、5分前には準備してないとおかしいだろ。1つ勝ったら、もう緩むのかよ！」

以前なら15分前までスマホに興じている選手がいた。その「なあなあ」な空気は薄れ、いま、みんなの行動は早い。あの7月からチーム状態が上向いたのは、無関係ではないと思う。

残留争いの大詰めでは連勝できれば道が開ける。でも怖いことに、その連勝がつかめない。順位がばらけてくる夏場に「まだ大丈夫」と安心していたチームは、もう手遅れであることが多い。これ以上は悪くならないでしょ……。違うんです。そう思っているうちは、どこまでも悪くなるよ。

横浜FCで出発し、30歳を超えてもプレーする選手がいる。それは2006年の昇格でJ1で力を示す場を得たことで、他クラブに招かれたから。現役を長く続けられる可能性、寿命にも関わってくるんだ。残留、あるいは昇格をつかむための正解は分からない。できるのは、その意味するものをよくよく考えることだ。自分が何で生きているのかを見つめることでもあるよね。

（2016・9・30）

まだ慌てる時じゃない

結果だけ考えれば勝ち点3がベストでも、負けないことでつながっていくものがある。ワールドカップ（W杯）最終予選オーストラリア戦がそうだろう。点を取られないように戦う、それも一つの戦い方。本当に守備でよく走っていた。

「勝ちにいくべきだった」と誰かはいう。そういう選択をしたとして、カウンターでも食らえば「勝ち急ぐ必要はなかった」と手のひらを返されかねないからねえ。そこで勝たねば終わりの状況なら別だけれど。

予選を取り巻く状況は厳しく、監督の進退などと周りは騒がしい。でも本田圭佑選手のACミラン、何回監督が代わりました？　この3年ほどで6人目くらいでしょ。その状況でも自分がすべきことは分かっている、という意味で選手は「慣れている」と思うんだ。

監督が代わればやり方が変わって大変。そうかも。でもボールは三角形にはならないからね。ゴールもでっかくならない。練習方法だって今は世界中どこでも大きな違いは薄れてきているだろうし。もちろん監督の細かい指示を試合で表現できるよう結びつけていくのは簡単ではない。でもそこの対応力は、僕も含め現代の選手は慣れているよ。

本田選手にせよ誰にせよ、30歳になったから急に力が落ちるわけじゃない。29歳まで言われないのに、1つ年を取ると急に「30歳だから終盤、ガクッと動きが落ちた」……。そういうものじゃないからさ。1分先、1秒先、何が起こるか分からない中で選手や監督は進んでいく。それが僕らの仕事。1分後に結果論で語れる立場とは違うから。

とはいえ日本がW杯に出られなかったら、生活に支障が生じる人が大勢出るだろう。それこそが日本代表が成長した証しだよ。26年前、ブラジルから帰国したての僕は言った。「選手だけが食えてもだめなんです」。サッカーを書く人、放送する人、もの申す人。取り巻く人もサッカーで食べていけてこそ成功ですよと。

弱いチームは最初が一番いい、といわれる。最高の初戦から、良さは徐々にしぼむ。最初はばたつくけど、なんやかやと勝ち、逆をゆくのは強いチーム。予選終盤、同じ相手でも序盤の対戦ほど難しくないこと、あるからね。

まだまだこれからです。


（2016・10・14）

愛すべき「変人」の力

日本代表だったある選手は、海外遠征へお菓子を携えていった。ワールドカップ予選のときもスーツケースにはお菓子。いまだに一緒に遊びにいくとスナックを手放さない。彼はヒデこと中田英寿さん。

あれだけ才能があり、イタリアで結果も出し、あんなにスタイリッシュでいて、主食＝ポテトチップス。野菜は大嫌い、料理には溶けていても匂いで分かるらしい。突き抜けているというか、変わっているよね。でもそこが人間味でもあり魅力なんだ。

サッカーのうまい人は大勢いる。でもその人の生活や内面をのぞいてみたいと、サッカーに関心の薄い人々にも思わせる選手は多くない。何を食べ、どんな車に乗って、どんな人と付き合っているんだろう……。ヒデはポテトチップスの何味が好きか、気になるでしょ。変人は魅惑的でもある。

ヒデはどこでもヒデのペース、どこへいっても自分のスタイルを貫き通せる。変わっている人ならではの、「変態性の力」と僕は呼んでいます。それが海外でも成功した一因だったはず。

チームというものは、そもそも全員が同質とはならない。プロの組織には年俸が1億と1000万の選手がいて、年齢が30歳と19歳の選手もいる。特異性が規律の乱れにならず、違いとして生きるのはマネジメントの善しあしによると思う。

プラティニを擁して1985年トヨタカップで優勝したユベントスの一員、カリコラが言っていた。「プラティニには色々と求めてはいけない。決まりきったことを押しつければ、彼は彼でなくなる」。秩序は保ちながら自由を与え、突き抜けた独創性を潰さない。監督のトラパットーニにはそれができたのだと。

マラドーナなんかナポリ時代に1日だけ休みがあると母国アルゼンチンに帰ると言い出す。わざわざチャーター便で。監督時代は会見でリンゴをかじり、今は出席した慈善試合で記者ともみ合い、殴ってしまう。よりによって平和を祈り暴力反対をうたう催し物で。だけど愛されてしまう。

「変だ」と目立つくらいの技術、才能。出させにくくする状況があるとしても、そこを突き抜ける変態がもっと出てこないとね。え？　僕ですか。自分では至って普通と思っています。

（2016・10・28）

ロマンを貫く難しさ

サッカーにずっと身を置いてきて、改めて思う。「あり得ない」ことなど何もないんだなと。名古屋がJ2に降格する。トヨタ自動車という有数の企業をバックボーンに持ちながらも。

降格というものが、もはや珍しいものではないということかもしれないね。3チームが降格する現ルールでは、現実として6チームほどが終盤で降格に絡む。18チームの3分の1。人ごととは言えないですよ。

どんなにいい選手、優れた後ろ盾があっても、崩れ出せば速い。選手層でも規模でも、明らかにJ2クラブより大きい名古屋が落ちてしまう恐ろしさ。その怖さを、僕らは日々自覚すべきなんだろう。3点取られるのも、4点取られるのも敗北としては一緒――。間違いだ。その差が最後に違いとなる。残留だけでなく、優勝のためにも当てはまることだけどね。

いいサッカーをしていても勝てないときがある。でも必ず勝てると追いかけていく人がいる。年間勝ち点首位になった浦和のペトロビッチ監督はそうだろう。

偶然にゴールが転がり込んだとします。結果が出たぞと喜ぶ人がいる一方、歓迎しない人もいる。偶然は偶然以上のものではないから。失点やミスを結果論だけで非とする人は多いのだけれど、練習で取り組むことをやろうとして招いたならとがめない人もいる。たぶんペトロビッチ監督は後者で、これはロマンだね。

ただロマンは恋と同じで、貫くのが難しい。恋が愛に変わるとつらさも生まれる。恋に見返りはいらない。両思いでなくてもハッピー。愛になると、求めちゃう。だからつらくなる。恋のうちは想像を膨らませて幸せになれるけど、愛は想像だけでは続かない……。

サッカーに話を戻すと、ロマンと現実にギャップができるのは、それが仕事だから。つまりロマンで損をする人も出てくる。自分だけのことならロマンに身をささげ続けてもいい。でも仕事である限り関わるクラブや人があり、勝利や結果がなければ稼げず、縮小したり手放したりせざるを得ない。ロマン＝理想だけを追ってそうなるなら、もうそれは理想とは呼べなくなる。だから結果主義へと傾く。

これ、正解はないんだけれどね。恋や愛と同じで。


（２０１６・11・11）

みんなで一つの方向へ

最終戦の松本戦、僕らはアウェーでいい戦いができた。健闘だった。ただ終わってみれば勝っていない。内容が良くても、ここぞという時に勝ちきる力が足りなかった1年だったと思う。節目のたびにチャンスの一戦を落としてしまった。

8位は善戦としても、「自分たちはこれで戦っていける」というものはまだ強固とはいえない。善戦までならたぶんどのチームもできる。もしかしたら僕らが22位でもおかしくない、それが正直なところだろう。

クラブとしてより成長するには、松本がいい見本になってくれているんじゃないかな。祖父から孫まで3世代が同じユニホーム姿で見に来る。その熱意に選手が応える。スタジアムに入るとアウェーの僕らまで乗せられて力が出るものね。

選手が目標へ向かう。デスクワークの人もそこを目指す。クラブでご飯を作る人も、サポーターも、そこを……。J1から落ちたならみんなの責任、だからみんなではい上がろう。一つの太い線になっていくのがはっきりと伝わってくる。

選手が「フロントがダメだから」と言い始め、サポーターは「選手がダメ」と怒り、フロントは「地域性のせいで」と嘆く。こうなると、全員頑張っているはずなのに全員による犯人捜しで終わってしまう。そこへ陥らないように。組織が勢いづいているときはこの愚痴も収まるのだけどね。

それだけ勢いには力がある。ワールドカップアジア最終予選サウジアラビア戦の日本代表も、新しい力の勢いがすごかった。僕らの頃もヒデ（中田英寿氏）や川口能活選手の勢いが強烈で。突き上げられる僕は「やばい」ともがき、もがき、落ちていきました。泳ごうとしているのにもがくほど逆に沈んでいく、あれです。

でもザグレブという外へ一度出て、妙なプライドから放たれ、新たな自分を発見すると力が抜け、またグンと浮かび上がれた。面白いもんだね。勢いに「負けるもんか」と懸命に手足をかいていたときは沈んでいったのに。そして勢いとベテランががっちりかみ合うと、すごくいいものが組織に生まれる。

理想のクラブをどう作るか。みんなが考えていて、みんなができていないことでもある。それでも一つの方向へ、みんなで泳いでいかないとね。

（２０１６・11・25）

我慢の先に夢がある

今季のＪ１優勝は年間勝ち点首位の浦和ではなく、鹿島に決まった。Ｊ２でもこの数年、上から順でなく6位や4位が昇格している。不公平だ――。でもこれが「チャンピオンシップ」「昇格プレーオフ」であり、最初から分かってやっていることだから。6位でもＪ１へ行け、3位でもリーグ王者になれる可能性を追いかけられる。不公平のあるところには夢もあるということ。夢と現実、両方あってもいいんじゃないかな。

やはりＪ１は1ステージ制でないと、いやＪ２はプレーオフがあるから面白い……。そんな議論が出ることが大事。そこからベストの道が探られ、歴史は作られていくから。

浦和は9年前、最終節で横浜FCに負けて制覇を逃している。「カズさんがアシストしたあの試合から優勝できなくなった。『カズの呪縛』です」と某スポーツ紙記者がいう。31年プロをやってそんな話聞いたこともないけど。あれは呪いというより、勝負の厳しさ、予見しづらさとすべきもの。

最下位ゆえの気楽さで力を出せたし、Ａマッチ出場数なら僕や山口素弘、三浦淳宏選手らのいる横浜FCが上で、経験面でチャンスありと思っていた。不公平に夢、呪縛。サッカーの歴史はその繰り返しです。

自身の2016年でいえば、20試合出場2得点という数字も、チームへの貢献度も自分が期待したものには程遠かった。6戦続けて先発した6月から7月。勝ち星は続かず、守備的な戦術をとった試合では守っただけで交代もした。でもチームが必ず良くなると信じてやっていたし、自己犠牲も大切。

「我慢、我慢」と自分に言い聞かせた1年だけど、セレッソ大阪戦のゴールという喜びもある。ドリブルで切れ込み、いいタイミングで振り抜き、最高のコースへ。感触として今も体に残っている。それを再現するためにも、僕はまた走り出す。

きょうから早くもキャンプイン。サッカーだけを考えていられるグアムは、自主トレで赴くたびに僕を新鮮にしてくれる。20代に戻れる、というか。「すべてのことはサッカーでならばかなう」と信じさせてくれる。夢や不公平、我慢が繰り返されようとも、僕は自分のできることを整えていく。

今年も1年、お疲れさまでした。また2月にこのコラムでお会いしましょう。

（2016・12・9）

Ⅳ

50歳のカズダンス——２０１７年

2月26日　誕生日のこの日、Ｊ２開幕戦の松本戦に先発出場し、自身が持つＪリーグ最年長出場記録を50歳に更新。
3月12日　群馬戦で決勝点となるゴールを挙げ、自身の持つＪリーグ最年長ゴール記録を50歳14日に更新。
6月8日　プロ野球の巨人が球団史上ワーストとなる13連敗を記録。
8月31日　日本代表がアジア最終予選でオーストラリアに2－0で勝ち、6大会連続のワールドカップ出場が決定。
9月9日　日本学生陸上競技対校選手権大会（福井運動公園陸上競技場）男子１００メートル走の決勝において、桐生祥秀選手が9秒98を記録。
10月　横浜ＦＣが中田仁司監督を解任。奥寺康彦代行監督の後、24日にエジソン・アラウージョ・タヴァレス新監督就任。
11月　横浜ＦＣ最終順位は10位。

敬称略　＊太字は著者自身の動向

苦しまずして成長なし

サッカーのことだけ考える日々を、かれこれ昨年12月初旬からずっと続けている。自主トレとキャンプのこの時期は毎年、そうだ。

グアムの自主トレでは多くのアスリートの練習現場に触れた。話を聞く、自分も試してみる。サッカーに良かれと思えば何でも。あれもそう、これもだ、学べることが多すぎるね。

ストレッチも昔と今は趣が違う。伸ばすこと以上に「ねじる」ことが注目され、ひねりや可動域に重きが置かれる。並行して呼吸を……という具合にヨガの要素も加わってくる。意識的に使えていなかった体の箇所、例えば足の小指が、訓練することで思うように動き始める。片側の膝周りがぐらつくなら、そこに意識を集中したトレーニングで機能を高め、体の均衡を取り戻す。こうなると筋肉だけじゃなく、脳とつながる神経、体のセンサーの向上だ。頭のてっぺんから磨き上げられる感覚かな。

心技体、ベテランになるほど一つといわず全部大事になってくる。すべて揃わずとも、できてしまうのが若さ。僕らは一つでも欠ければその分、パフォーマンスは落ちる。あのやり方も取り入れたい、この要素もやっておかなきゃ……時間が足りないくらいだよ。練習法や技術が進展し、様々なことが「いい」と説明付けられるようになった。そこには〝言葉の誘惑〟もあってね。「それは必ずしも必要ないよ」「負荷をそこまできつくしなくていいよ」。それらの理屈が間違っているとは思わない。

でも個人的見解としては「苦しまない先には何もない」といつも思っている。効率も追求できるし、理論的に正しい〝楽〟ならいかようにもできる。ただそこに成長もない気がしてね。

できるなら毎日倒れるまで走りたい。きつい練習で汗にまみれたい。シュート練習なら100本打ちたい。それじゃ体が壊れるから、集中して20本、くらいで折り合うのだけど。50歳も間近でなぜ現役でいられるか、訳を僕は知らない。そんな理由より意欲が尽きないんです。もっと自分を良くする何かがどこかにある、と思えてならない。苦労でさえ、したい。

欲が収まるどころか、より貪欲になっている。いいんじゃないですか、サッカーを追求する欲張りなら。

（2017・2・3）

50歳のきょうが、最も充実

50歳といえば、ブラジルにいた20代のころに現地で見たペレ生誕50年記念試合を思い出す。フリーキックに往年の切れはない。でもそれが見事にゴール。GKに手心を感じたのはともかく、引退して10年以上が過ぎていた「キング」は大丈夫かと、気が気でなかった。

2月26日に同じ年になるにあたり、心配することでもなかったなと、今は思うね。23歳でブラジルから帰国したとき、当時33歳で動き回れるラモス瑠偉さんは何者なんだと不思議だった。50歳現役など想像もできず、40歳、45歳のときでもイメージは湧かなかった。

「カズ、いつまでやるの」「やめたらどうするのよ」。皆さん、思っていることでしょう。僕も聞きたいです。考えているのは先のことより眼前の一日なので。

50歳の自分から20歳の自分へ教えられることがあるとすれば、「自分に集中しろ」ということかな。20代は悩む年ごろだ。「この監督では使ってもらえないのでは」「出場機会を求めて移籍した方がいいのでは」。若いうちは悩めるだけ悩んでいい。でも悩むだけで立ち止まっちゃダメだ。あれこれ考えるより、自分がきょうの練習で全力を出すことだけを考えるべきだ。環境がどう、監督がどう、ライバルがどう……。違う、人は関係ない。誰でもなく自分が、この日にいいプレーをするためだけにやる。

30代前半は、僕からみればまだ若い。無理も利く。「自分はもう年だ」なんて感じなくていいと伝えたいね。30歳を過ぎた某選手から「最近、疲れが抜けない気がするんです」と相談されたときは、こうアドバイスしたんだ。「気がする？　まあ、気のせいだよ」

しっかりした生活、体調維持を心がければ30代半ばでも十分やれる。僕も年齢を気にもしたけど、杞憂だったもの。考えすぎるとよけいにそうなる。〝気のせい〟にしちゃうことも大事なんだ。自分で自分の固定観念など作らなくていい。

１００歳でも元気な方々を紹介する番組を見ていたら、示しあわせたようにおっしゃる。「人生で今が一番幸せ」。その通りで、Ｊリーグ創設時の20代が一番かというとそうでもなく、きょう、今向き合う一日が最も充実していると素直に思える。50歳はまだ5合目、見習いのカズです。

（２０１７・２・17）

仲間あって自分がある

50歳ちょうどで先発した翌日は松本山雅との練習試合で、反町《そりまち》康治監督がクールダウンする僕のもとへ足を運んでくれた。ニタニタ顔でうれしそうに寄ってくる。「……お前、ピンクなんて。見てられないよ！」

僕も同感ですよ、先輩。（試合後の会見で着たピンクの）あのスーツ姿を素直に褒めるようじゃ、反さんじゃない。斜に構えて難癖つけてこそ、反さんですから。

あの開幕戦のことでいうと、僕自身は特別な一日との意識もなく、いつも通り、いつもの自分を心がけていた。守備のタスクをこなしつつ、前半、カウンター気味の展開からゴール前へ詰める。僕の足元へきたパスは少し長く、絶好機とはならなかったけど、互いのズレが合ってくればゴールの可能性もみえてくるし、そんな芽が数回あるだけでも相手に与える怖さは変わる。試合に出られる状態を整えるのは自分の管轄。そのうえで試合でのパフォーマンスは周りとの連係、協力次第だとつくづく思う。

共存あってこそ、といってもいい。もしサッカーが純粋に個人対個人のスポーツだったら、50歳まで選手でいることなどできないよ。自分一人で全部をできる状況などないのだから、周りの人の走力、体力、知恵と共存しなきゃ。周りに助けられ、自分もチームのためにすべてを尽くす。自分だけを抜き出して評価するのではなく、周囲との関係性においてどうかを見ていかないといけない。周りに関わり、良くしていくことで自分も良くなっていく。

経験を積んだ者なら、頭を使おう。体の切れる若い人は走れるし、動けるよね。サッカーという形に限らず何事も同じなんだろう。仲間があって自分がある。生かし生かされ、助けて助けられて。そんな法則が働いているのが、いつからか分かるようになるんだ。

若いときは自分勝手。ブラジルで修業時代の僕も必死だったし、自分ができることしかやってなかった。その身勝手さを、周りのベテランがバランスを保ちつつうまくさばいてくれていたのだと、この年になってよく分かるよ。

「記憶は嘘をつく。思い出は美化される」と格言を授けてくれた反さん。でっかいディスコが芝浦にできたら、また当時のように僕らを誘い出し、助けて下さい。先輩、お願いします！

（2017・3・3）

周りを楽しませる武器

50歳でのゴールシーンは目の前のGKの動きがハッキリ見えて、「入れるならこのコース」と狙い澄ませるほど落ち着けていたね。

もう一度、あの場面に立たされて同じようにシュートできるかというと、どうだろう。あれだけ余裕を持てたのは、得点の前に「またぎフェイント」からクロスを上げたりチャンスにいい形で絡めていたりと、ほぐれていたからだろうね。それなしで急にチャンスと鉢合わせしていたら、ああは動けないんじゃないかな。

例えばPK。得点もいいプレーもない流れで臨むPKと、既に点を決めたうえで感触を手に蹴ることができるPKでは、同じPKでも全然違う。「今日は取れるかな、取れないかな」と思いながらの時と「取れる」と疑いのない時との違い。FWとはそういう生き物なんだ。

ボールをまたいでドリブルするシザースフェイントをするだけでお客さんが沸くのを背中でひしと感じられた。得点へのリズムに乗るためにも、得意なことをピッチでやるのが大事と改めて思ったね。無理やりにでもいいからやる、くらいで。

マルセイユの歴代選手が集ったパパン（フランス）の引退試合に招かれたことがある。背番号「11」だった人気選手が代名詞のフェイントをするだけで、相手が引っかからなくても動きが鈍くてスローでも、観衆はやんやの喝采だ。王貞治さんがバッターボックスで一本足でスッと構えれば、70歳を過ぎた今であってもファンの僕はしびれてしまう。空振りしようが凡退しようが、そこには王さんのしるしがある。往年のブラジルでならソクラテスのヒールパスも、僕がまねたリベリーノのシザース（彼は内側へまたぐ）もそう。

選手も歌手も役者もお笑いも、娯楽とみなされるものも真剣勝負の世界と僕は思っている。必死に笑わせ、声を響かせ、役になりきる。見る側が楽しめる、それが自分も楽しめていることの一番の証拠だね。周りが楽しいと感じられるときは、僕も楽しい。しるしになる武器が自分にもあって、よかったよ。

こうして「50歳のカズダンス」と喜ばれてみて、「ああ自分は50歳だったんだ」と気づく。どうも認識が現実の数字についていけなくて。こんな50歳でいいのだろうかと思うんだけど。

（2017・3・17）

「試合勘」代表では別物

言っておきますが、僕はサッカー界のご意見番じゃないですからね。何かあるごとに、皆さん見解を聞きにきてくれますけれども。

そう断ったうえで言いますと、日本代表がワールドカップ予選でアラブ首長国連邦の地で初めて勝ち、ホームでタイにも勝った。この2勝は言うまでもなく大きい。ハリルホジッチ監督も3年目、いろんなことを自分のなかで消化されたんじゃないかな。最初は自分の基本哲学を押し立てていただろう。でも日本ならではの考え方や文化に戸惑ったと思う。そこで「日本はこう」という周りの意見や声を聞き入れたようにみえるんだ。選手を見る目、接し方についてね。

昨秋のサウジアラビア戦から一つの形ができた。それまではザッケローニ元監督のサッカーの残像もあった。魅力的なスタイルだったし、壊すことに抵抗感のある選手もいただろう。そこに折り合いをつけ、いい意味で破り、新しいもので内容と結果を伴い「これなら」と手応えをつかんだ。「今、代表、いいですよ」。3月の連戦前に長谷部誠選手は言っていた。以前の不安が拭えていたよ。

内容も結果も伴う試合などなかなかない。逆にいえば、悪いときに勝てるならあなたは強い。タイ戦は4―3でもおかしくなかったのに、不思議と4―0。それが本当の強さでしょう。

最近の風潮にある、決めつけは良くない。「試合に出ていないのに代表に呼ばれるのはおかしい」はおかしい。本田圭佑選手はミラノでボーッとしているわけではないから。僕もイタリアにいたから分かるけど、見られる目の厳しさは日本の比じゃなく、練習と競争の厳しさ自体が違うわけで。

「試合勘」なるものは確かにある。でも思うに、代表の試合に関しては別物だよ。代表戦でうまくいかない場合があるとしても、それは試合に出ていない過程というより、試合の中に問題の核心があるはず。GK川島永嗣選手があれだけ輝けば「クラブで出てないのに……」という議論、しぼむでしょ。

……と、僕は評論家じゃないからね。先日も「プロ32年間で一番苦しかったのは」と総括を求められたけど。何が苦しかったって？

そりゃあ昨日、今日の練習のきついランですよ。

（2017・3・31）

人間性を高めること

プロの〝新人〟として学び始めたころ、待っていても何も教えてくれないのがブラジルの現場だった。日本なら、18歳のルーキーが試合に出られなければ、コーチが手を差し伸べる。居残り練習もしてくれる。僕にそんな助けはこない。自分で何かを起こさなければ、すべてが進まない。だからベンチを外れた日は、自分で公園へ行って8キロ走をした。不満や不安をぶつける先も、自分で探して。

僕の体をみてくれるマッサージの専門家も「ああしろ、こうしろと師匠が教えてくれたのは、修業の3年間で10分ほどかな」という。そばで見て、まね、盗んだと。言葉より、行動から僕らは学び取っていく。

飛び抜けて優秀な人が集まるのがプロの世界。どこで差がついていくのか、日本代表をみても察しは付く。必ずしもすごい俊足や肉体の持ち主じゃない人が代表の主将や軸になる。人間的に成長したときに、サッカーでも成長しているんだよね、これは。人の痛みが分かる、あいさつ、片付け、日常の心がけ。抜け出したければ、自分の人間性を高めることだ。

僕も自問する日があるよ。「なぜ自分はダメなのか」。精神的なもろさがあるから。嫌なことがあると愚痴を言っているよな。「であれば、我慢し、違う形で発散して集中できれば、サッカーも上向くのでは？」

ある練習試合、新人ＧＫがミスをして負けた。「何だよ。勝てたよな」と僕はぼやく。ところがＤＦは「勝たせてやりたかったです。僕のプレーが乱れなければ」と嘆く。人のせいにしていたなと学ばされます。

気づきを人生でいつ、感じられるかなんだろう。でも選手はたいてい、気がつくのが遅い。「俺は天才肌だからさ」と練習に熱を上げなかったある人は、引退後に姿勢が正反対になった。自分のようになってほしくないからと。「練習でこんなに走ってどうするの」と文句を言っていたのに、監督になると「サッカーは走らないとダメだ」と尻をたたく知人もいるけどね。

監督でも選手の心のまま、というのはラモス瑠偉さんとマラドーナくらいでしょうか。若くしてあまりに分かりすぎるのも気持ち悪いけど。人間、成長するには時間が必要です。


（２０１７・４・14）

ミーティングの意義

サッカークラブも何かとミーティングは多い。ブラジルでは精神科医も同席して選手の士気を高め、思考をポジティブにする場として重視されていた。横浜FCでも、怒られても仕方ない状況で「いや、いいところもあるよ」となることもある。内容も結果も散々な町田戦の後がそうだった。逆に翌週の大勝した千葉戦後は、浮かれ気分を戒める雰囲気がつくられる。

おしゃべり好きなブラジルでも、全員がズバズバと意見を出し合うとは限らない。本音を明かさない選手も。「本当はこう意図したパスなんですけど、それを言い出すと会議が長くなるので」。扉を一歩出た瞬間、発言をひるがえす選手もいる。長いミーティングは勘弁して、早く終わって、というのが本音のところ。

本音を語るのは難しい。意見を言えば言ったで、怒る上司もいるわけで。〝同意してほしい人〟もいるよね。「どう思う?」と意見を求めているようで、その人と違う意見が出てくると反発する。つまりは自分の考えの妥当さを確認したいだけという。あ、皆さんの会社でもそうですか？

でも、そうはいってもミーティングは必要なんだ。チームはどうしても緩む。リーグ開幕前の希望や高揚も、2カ月もたてば薄れてくる。「どうせ出場できない」とあきらめる人、「俺は出られる」と慢心する人。出られずとも腐らない控え選手、出ていても危機感を失わない主力。モチベーションの濃淡だけみてもこれだけ分かれる。これを一丸に束ねるのは難しいよ。

僕も含め人間は怠ける生き物だ。できるなら寝ていたい。疲れたくない、楽をしたい。食べるならおいしいものがいい。そこのたがを締めるミーティングに意義はあるんじゃないかな。

皆が皆、きちっとできるならいい。なぜ試合前日に夕食の時間が指定され、起床の時間を紙で張り出し、全員集合してストレッチをするのか。「やっておけよ」だけではやらない選手もいるから。できない人に合わせ、ミーティングや集団行動の規律は存在しているともいえるね。

チームを好転させるミーティングとは。覚えがないなあ。「カズ。聞いてないだろ」と怒られた記憶しか……。最近は頑張って耳を傾けるようにしています。（2017・4・28）

やんちゃであれ、久保

15歳の久保建英選手について僕は多くを語れないけど、バルセロナのころのはじけるプレーはやはり鮮烈な印象として残っている。

自分の身近にいた神童といえば、かつてフジタ工業でもプレーしたカルロスを思い出す。僕がサントスにいた18歳のころ、同い年の彼はすでにクラッキ（名手）として知れ渡り、コリチーバFCで一緒になった。

ジーコやベベトを擁するフラメンゴと戦った一戦、僕が先発、カルロスは後半から出てきた。最初のプレーで2、3人をヒョイヒョイ抜き去る。試合後、相手の名将テレ・サンターナがうなって「あいつは誰だ」。行く先々でそう言われ、代表にも選ばれていった。

トラップはボールが吸い付き、ドリブルすれば奪われない。でもね、努力しない。21歳の僕に「俺が考えるからお前は走れ」と年長者みたいに言い、練習は怠け、貸したお金も返ってこない……と、難点はあったけど必見の名手だったね。

ブラジルの選手は中学・高校年代もプロと同列に扱われ、手加減なく叩かれる。日本の高校選手権で選手を悪く言うメディアはないけど、サンパウロの大会に出た頃の僕なんて、最低と寸評され、ボロボロですよ。でもそこで負けないと強く育ちもするんです。

Jリーグではプロ1年生が研修を受ける。これは言ってはだめ、こう答えればOK。でも教えすぎ、縛りすぎなのも考え物でね。メディア対応一つもみな個性がなくなっていくものね。

僕の研修はというと、サントスの先輩、セルジーニョがベンチに下がり、試合中なのにシャワーを浴び、バスタブで取材に応じる姿に驚いて。でもメディア、その先にいるファンを喜ばせることも大事なんだと感心し、言うべき意見ははっきり述べる彼から言動の姿勢を学びもした。ある日の彼との車中、高速道路でお金を払おうとした。彼は僕を制し、係員に「おう、俺だ」。料金は取られず。このマネはしていませんが。

大人に加わり戦う久保選手は、発言も大人びている。ただ大人び過ぎなくても構わないと思う。15歳らしさ、伸びやかさ、やんちゃさが面白みにもなるのでは。何より彼は、サッカーでは誰にも負けないという意思が顔に色濃く出るのが魅力的ですね。

（2017・5・12）

選手は見られている

僕がゴールしたのが観客5000人の試合でも、どこへいっても「おめでとう」と祝われるのは、メディアを通じて見てもらえるからだ。

そこでの発言、振る舞い、服装、髪形、肌のつや。すべて気にすべきだと思う。整体師なら僕の姿勢を、アパレルの方は僕の服、美容師さんは髪形、と様々な観点で選手は見られている。その印象一つも興味の対象、話題になるのがプロなわけだ。その意味で僕らは油断ができない。見られる意識を緊張感として持てる人は、大変だけど成長もするね。

サッカーのことで話題になるなら、悪口でも何でも構わないと僕自身は考えてきた。ブラジルで育ち、ピッチでひどい言葉も浴びたけど、それもサッカーの一部と割り切ったというか。

ただ一昔前ならとがめられなかったことも、問題視され得ることを注意しなければいけない。中国でプレーするアルゼンチン人のラベッシが、目の端を引っ張るつり目のポーズをして写真に写ったところ「侮蔑、差別だ」と大きな批判を招いた。ラベッシは

「差別の意図はなかった」と釈明している。僕もブラジル時代、よく目にしたふざけ方ではある。でも表現に敏感に反応するのが時代の流れ。

見方を変えると、昔のようには言いたいことを言いにくいのかもしれない。テレビでは発言者が主張を述べるよりも世間からたたかれないよう気にして、特色が薄れがちと聞く。言葉を選びに選ぶ状況では、出にくい個性もあるかもね。

今の時代に遠慮なく発言できる選手は、嫌われてもいいという覚悟も、実力も違うんじゃないのかな。イブラヒモビッチともなると発言もすごいものね。「あなたは神を見たことがあるか」と記者に聞かれ「君はあるか」と逆に尋ねる。「ない」と答えた記者に「君の前にいるじゃないか」。

個性を隠せない人も貴重だよ。マラドーナは宿敵、ブラジルの飲料「ガラナ」のCMに出る。流れるのはブラジル代表の国歌斉唱シーン。ロナウド、カカ、その列になぜかマラドーナが。黄色いユニホーム姿でブラジル国歌を歌う。ハッと夢から覚めて「悪夢だ。ガラナを飲み過ぎた」と恨めしげに……。

ここまでキャラが立つと愛されます。見習うかは自己判断にお任せしますが。

（2017・5・26）

試すのも簡単じゃない

物事を外から論じるのと、内側からみるのとでは、ずいぶん違うものがある。日本代表もそう。「もっと色々と試せ」「新しい選手に経験をさせろ」と論評するのは簡単だ。でも中に入れば分かるのだけど、経験を積ませる余裕なんて代表にはないものなんだ。

短期間で集まり、各自状態を整え、バッと本番に臨む。時間も、試す親善試合も限られる。そして先のことばかり見てはいられない。目の前の1戦、1勝にかけるのが代表の使命であり宿命。10年後まで考えている監督など珍しいし、10年任せるという協会もないだろうし。

監督にすれば、試さないのもそうなら、試すのもリスク。下手に試せば選手をダメにしてしまう。例えば10代の僕は、サントスでのデビュー戦でそうやってつぶれてしまった。1試合目で鳴かず飛ばず、次戦にベンチから外されたときはさすがに落ち込んだ。日本人だからと見下す周りの目。自信をなくし、紅白戦でさえ自分の持ち味をまともに出せないくらいだった。

プロ野球の巨人。これほどの連敗となると、普段は打たれない投手もなかなか悪い流れを止められない。エースでそうなら、置かれる状況次第では新戦力はどうなってしまうことか。

一度試してダメなら次は招集しない、なんて試し方はできない。いい形、望ましいタイミング、どうチャンスを与えるか。端から眺める以上に神経を使う作業だよ。

余談で言うと、30年ほど前にブラジル代表だったレナト・ガウショはワールドカップで快勝した後のバスの車中、ほえた。「今日はみんな素晴らしかった。でも監督は最低だ。間違いを犯している。俺を使わないことだ」。そこまで試せ試せと、せっつく日本人はいないだろうけど。

言い換えれば代表とは、パッと試されて簡単に成功できる場ではない。そういう重みのある、怖い場所なんだ。仮に招集されつつ出場できなくても、実績ある選手に触れるだけで初めての代表組には財産になるよ。練習場にせよホテルでの時間にせよ、そこに見本となる振る舞い、考え方が転がっている。何かを拾って帰る選手は、いずれ自分を成長させていく。そうした重みも、中に入ってみないと感じられないことだね。

(2017・6・9)

技術が最大の暑さ対策

「暑さに慣れろ」とよく言うけれど、得策や特効薬はおそらく、ない。永遠のテーマじゃないかな。日本代表のイラク戦から、そんなことがいえると思う。

20年前のワールドカップ（W杯）最終予選、アブダビへ赴いたアラブ首長国連邦戦。気温は前半が38度、後半は42度！　まともには動けません。前かがみ気味でプレーする名波浩選手（現磐田監督）が、疲れてどんどん猫背になっていったのを覚えている。暑いんじゃない。痛い、としか言いようがない。吸い込む空気も重く、思い出すだけで「ううっ」と息苦しくなる。

体を慣らそうと、午前中に軽く練習しようと試みた日がある。芝生に温度計を置いたら50度近くに達してしまった。たまらずコーチが「やめ。中止」。せめて散歩に、と繰り出したけど、それも5分で断念して引き上げた。それでいて部屋の中は冷房が利きすぎ、毛布が要るほど寒い。気温差で結露してびしょぬれになるから窓も開けられない。

こんな調子では慣れるも何も、十分に練習できないわけだから。その環境で勝ち点1

を取るのも一苦労なんだ。

アラブの人々だって慣れているのは暑さそのものより、しのぎ方でしょう。日陰を活用するとか生活上の工夫だとか。酷暑でサッカーをしたら彼らも似たようなもんだよ。敵味方の別なく足をつる選手がいたしね。そうならず、90分間走れていた長友佑都選手や本田圭佑選手はさすが。

過酷な状況では普段にも増して、技術が身を助けるね。ミスせず、ボールをしっかり保持できるか、相手を走らせられるか。例えばブラジル代表なら同じ暑さでも、相手を疲れさせ、空いてくるスペースを突き、技でしのぎきるだろう。

どのみち残る2戦のいずれかに勝たねばならない状況に変わりはなく、勝てば決まり。それほど悲観的になる必要はないよ。

僕は懐かしさも覚えつつイラク戦を見ていた。古めかしいピッチ、まばらな観客、中東のまったりした空気。「そう……あの感じに引きずり込まれてしまうんだよな」。埼玉でできる〝きれいな戦い〟には絶対にならない。W杯への道はそういうものということ。まとわりつく苦しさ、難しさ、20年前の感覚がよみがえるようでね。


（2017・6・23）

勝ちにムキになれ

業績の悪い企業ほど、ミーティングが多くなるらしい。サッカーも一緒だね。全員で集まって、ビデオを見て、反省して、ああしようこうしよう……。そんな場面が増えるのはチーム状態のよろしくないときだ。

連敗癖、連勝癖。思えば常勝時代のヴェルディ川崎（現東京ヴェルディ）のころは「負けるわけがない」としか考えなかった。油断や過信とは違う種類のもので、試合中も試合前の段階でも「自分たちが一番、勝者だ」と信じられた。先に1点奪われる。「ああ、今日もダメか」としょんぼりするのが連敗のメンタリティー。ヴェルディだと「どうせ逆転して、最後は勝つから」とみんなが思っている。勝てると自分自身で思い込めるメンタリティーというか。

そう思い込めるほど、練習の一コマから勝ち負けにこだわってきた。ブラジル人の何が強いかって、名選手もおしなべて、何気ないミニゲームや遊びにも目の色を変えて勝利へムキになれるところなんだ。5月に来日しフットサルに興じたネイマール。味方のミスに怒り、得点を入れられれば「今、何点差だ？」と気が気でない。ドリブルもシュートも思いっきり。お遊びのイベントでも欧州チャンピオンズリーグと同じ気合なんだもの。相手側にうちの息子が入ったら、すっ飛ばされた。幸せ者だよ。

勝てると思い込める人間は、状況がどうなろうが自分のすべきことをできる。ボール扱いがすごくてドリブルも速い人なら、草サッカーにもいるんだ。でも勝負のかかる重圧、ハンディ、連敗中の逆風でも同じく平然とできるか。先輩の輪に放り込まれ、罵声を浴び、自由のきかぬピッチでも、ドリブルで抜けてシュートも決めてしまう人間がその道のプロになっていく。

ブラジルへ渡ってすぐの15歳のころ、寮メンバー総出で夜の社交場へ繰り出す催しがあった。僕は断っていた。「夜遊びや女にうつつを抜かすな」という祖母との約束があったからね。

約束は1年しか守らなかった。遊びたかったわけじゃない。ライバルらと同じ世界へ飛び込む度胸もないようでは、そこで勝ち抜けないと覚悟を決めたからだ。その日から僕はブラジル人になった。

本気でこだわることで見えてくるものがあるんだ。

（2017・7・7）

差を縮めるために

日本代表としてイタリアのレッチェでユベントスやインテル・ミラノと戦った時代がある。1993年のこと。恐ろしく強かった。当時、世界一のユベントスに歯がたたないのは覚悟していたけど、インテルがこれまた、もっと強くて。猛スピードのFWスキラッチにDFは吹っ飛ばされ、あまりの違いに驚いていた。

ヴェルディ川崎（現東京ヴェルディ）で国立競技場にACミランを迎えたこともある。やはり歯がたたなかった。でもこっちはね、ゴールで雪辱できたよ。20年近くたって、代表OBの親睦試合でだけど。

それでも引退しようがバレージはバレージで、「アップ！　ダウン！」と声でラインを上げ下げする。セリエAで対戦した現役時そのまま。指示を出し、ずっとしゃべっている。組織を動かすさまは「これぞ戦術だな」と感心した。体はついていかなくて20分でプレーできなくなるんだけど、染みついたものなんだね。

20年前に知ったあの「差」は縮まっていないかもと、ドルトムントと浦和、セビリアとセレッソ大阪の対戦に感じもした。J1なら絶対にしないミスを浦和がしてしまう。いつもパスで悠々と相手を外すセレッソ大阪が、セビリアだと外せない。受ける圧力、質の違い。体形なら日本人に似たセビリアが、パスで狭いスペースを突きつつ局面を崩す。バレージと同様で、セビリアにはスペインの、ドルトムントにはドイツのサッカー文化が型として染みついている。だからすぐ、出せるんだ。体調が6割でも。

元イタリア代表トッティのJリーグ入りは実現しなかった。双方にとって正解だったと僕は思う。彼を支えるフロント、生かす選手、輝かせるスタッフ、一つ一つの質がクラブ側にあるか。でなければ打ち上げ花火で終わるから。じきにみな彼がいることに慣れ、貴重さも忘れるものだから。

クラブも選手も日本は確実に進歩している。ただ目標の方も同じくらい、先へ進んでいく。J1首位でも欧州トップとはあの差。じゃあJ2の僕らはどう縮めりゃいいんだ、と考えてしまう。一挙手一投足、練習からこだわり抜くしかないね。「このくらいで」では到底無理。差を前に「すごいな」で終わるのか、「悔しい」と思うのか。奮い立たなきゃね。

（2017・7・21）

「戻る場所」なんかない

ネイマールが約290億円の移籍金でバルセロナを去ることが決まりつつあるらしい。金額はちょっと僕らには想像できない域に達している。それだけの評価がされるのなら、そうなのだとしか言いようがない。

高い、安いは値付けをする人が決めること。ネイマールほどになれば交流サイト（SNS）のフォロワーが億単位でいる。著名企業でもこれだけの人を引きつけられるかどうか。今はなおさらネット上での発信力が価値に換算されるはずだし、回収できると考えるから投資するのだろう。

旅から旅へ、自分に一番の価値を見いだしてくれる場所へゆく。僕らの世界ではごく普通のことだ。野球と違って個人成績を数字で表しにくいサッカーでは、収入を上げる一番のチャンスはより高額のオファーが他から来たときになる。

ただ、お金が良ければすべてよしでもない。すごい金額で移籍すれば凡庸な活躍ではダメ、それだけのものを背負う挑戦になる。そして最後に自分で決断する。うまくいかなくても「自分が決めたことだから」と思えなければいけない。

早けりゃ3カ月で居場所は変わる。僕がブラジルにいたころは契約の最短期間が3カ月。それだけで次の職場へ、という助っ人も多くてね。サントスと契約した僕も出番がなくて下のカテゴリーへ身を移し、どうはい上がるかという挑戦だった。人生を1年スパンでは考えられなかった。ここでダメならプロとして終わり、後がないという切迫感。3カ月同じところにいると停滞のような。いまの1年や3カ月とでは、同じ長さでも中身が違ったね。

目的地はサンパウロ州選手権などの1部。「ここではない」と、いつも引き抜かれることを意識していたわけだ。いま与えられている出番、その場、その一瞬はプロとして自分の価値を上げる場だと常に考えて、人の目にとまるくらいでなければと思っていた。そこは日本の選手にまだ足りない部分じゃないのかな。

「成長して戻ってきます」と横浜FCから旅立つ若い選手たちが言う。でも僕らは「ここから戻っていかないでくれ」と新天地で頼まれるくらいでないとね。戻ってくる場所などないのだと、片道切符を握りしめながら。

（2017・8・4）

休むのも仕事のうち

近年はサッカー界も「休む」ということに昔より敏感になっている。むやみに残業はするな、という世の中の傾向と同じようにね。

中学のころ、とにかく練習はたくさんすべきで、1日休めば取り返すのに3日かかると教わりもした。飲みたくても水がない、足が痛かろうと戦わねばならぬ軍隊の精神論がピッチへ持ち込まれていたというか。

それがブラジルへ渡ると、チームは試合前日がまるまる休みだった。前々日も軽め、試合翌日も休み。休んで大丈夫なのと不安になったのだけど、若い年代では特に「使い過ぎないこと」に配慮がなされていた。

今では日本のトレーナーも、疲労にすごくフォーカスしている。疲れを残さないための処方、負荷をかけた後にはどれだけ休息と栄養を取れるか。常々「やり過ぎないで」と言われる。で、やり過ぎちゃうのが僕。10回と設定されれば12回、つい追い込んでしまう。

千本ノックよろしく、シュート練習なら文字通り100本打ってきた。そうした練習はウソをつかないのだけど、量ばかり求めて安心するのも良くなくてね。疲れがたまるくらいやり過ぎては、練習が逆にウソもつく。ただ、どれだけ休めばいいのか、正解はすぐには分からないものだけどね。学校も「脱ゆとり」で授業時間は増加傾向と聞くし。

たいてい、日々の選手の〝仕事〟は朝一番で始まっても昼ごろには終わる。後は帰って寝てもいいし、昼間から乾杯もできる。でもその時間は、試合へ向けた休息に充てられてもいるわけだ。じっくり体をケアする、ゆっくり食事をとる。そんな「ゆっくり」も広い意味で仕事のうち。いかに休むか。ピッチの外の質がプレーにもつながる。

週2回で試合に出続けた時代は、試合が終わった時点で一度サッカーから自分を切り離したかった。外の世界へ出て、ほぐれる。当時は試合翌日は休みだったので、いうなれば夜の遊びがクールダウン。ダウンのはずが、ハードに負荷のかかった日も1夜や2夜ではないけれど。

昔はやりたいことが1日で全部できた。きつい練習や試合をこなし、夜もカラオケにディスコにと完全制覇。今はディナーならディナーと1日1つ、じっくり型で楽しんでいますね。

（2017・8・18）

「心」の秘訣なんてない

1997年のちょうど今ごろ、今思えば自分でも異様なまでの気持ちの高ぶりがあったことを覚えている。僕は日本代表として静岡県の御殿場でキャンプに臨んでいた。ワールドカップ（W杯）最終予選、ウズベキスタンとの国立競技場での決戦が迫っていた。武者震い、というものだろうか。平常心でやればいい、今までしてきたことを出せばいい――。そんなレベルは振り切ってしまう心の震えというか。自分はエース。「俺が決めねばダメだ」。一生懸命やれば、の一言ではとても割り切れないプレッシャーがあった。

不思議なもんでね。それが大観衆の国立のピッチに立つと、スッと心が落ち着いていく。移動の車中や控室でのほうが、「勝たなきゃいけない」「ゴールをどう取るんだ」「負けたらどうしよう」と色々考えて。ところが、通路を渡り、ピッチへと踏み出せば、理由は分からずとも自信が湧いてくる。大歓声を、自分の力として受け止めることができる。

たぶん、今の代表のみんなも似た感覚をたどっているのだと思う。僕らの「習性」なのかもしれないね。

ホームの大一番、思いを巡らせる理由は一人ひとりにあるだろう。誰もが緊張に襲われる。怖くもなる。でも怖さと向き合うのは日本で戦う相手も同じでね。

ある意味でW杯予選は本大会より〝面白い〟かもね。本戦はお祭りの空気もあって、ぎすぎすするほどではない。けれども予選は隣国のライバルと火花を散らすわけだ。しかも生きるか死ぬか、天国か地獄か、という局面に必ず立たされる。

「日本には負けたくない」「何とかオーストラリアだけには」「南米一は俺たちだ」。どうしても互いの昔からの歴史、国民感情がその一戦に織り込まれる。ペレかマラドーナかという対決は、ネイマールかメッシかという新たな物語へ置き換えられていく。何層にも重なり、それだけに激しく、緊迫もする。だから胸躍る瞬間もやってくる。

巡り巡る大勝負で求められるのは何か。「ノン・テン・セグレード」とブラジルの人は言う。体と心をいい状態に、いい準備をする。特別な秘訣（セグレード）などはない。そう心からスッと思えるなら、少なくとも乗り越える準備はできているんだ。

（2017・9・1）

戦い方は進化したか

陸上の桐生祥秀選手は100メートルを9秒台で走った126人目になるらしい。人類誕生後の長い歴史でわずか130人足らず。世界で100メートルを走る選手が一体、何人にのぼるだろう？　そう考えると、すごいよね。

カール・ルイスが平地で9秒台を出してから30年余り。100分の数秒ほどでも日本記録を縮める一歩が、大変な進化なんだろう。

サッカーはこの数十年で進化したかと聞かれると、どうなのかね。比較で語れるのは10年まで、かなあ。それ以上隔てると諸条件が違いすぎて。在りし日のスパイクは固い木靴にコルクのポイントをつけたような代物、ボールも天然革で重量級。あれらで今みたいにスプリントして無回転シュートを放つ……難しいよ。

40年以上前のブラジルサッカーにはフィジカルトレーニングの発想はなく、純粋に「サッカー」を磨いていた。それゆえ育まれる魅力もあり、だから昔ながらのブラジル人はスピードと体力に頼む現代スタイルを「面白くない」という。技の見せ合いを好むからね。

日本代表でいえば、ジーコ監督やザッケローニ監督時代には主導権を握るスタイルを深め、戦術やメンバーもほぼ一貫していた。ハリルホジッチ監督は相手ごとにマイナーチェンジをしつつ勝とうとする。前者はワールドカップ（W杯）で自分たちのサッカーをやろうと挑み、できなかった。どちらが正しい、のでもない。勝てば正解、負ければ不正解とされるのが公式のようなこの世界で、議論は永遠に平行線をたどる。

勝つためならスタイルは変えうる、それがいわゆるリアクション。強豪国と力の差があるとすれば、相手によって戦い方が違ってくるのも仕方ない。その意味では日本はリアクションも使いこなせた方がいいのかな、とオーストラリアに見事に対応してW杯出場を決めた試合から考えもした。相手に応じ、時に駆け引きもする。それがスタイルになる可能性もあるよね。

確かなのは、監督の戦術を実行できる水準の選手がいたこと。でなければリアクションさえできない。スタイルはどうであれ、それが日本のレベル。本大会で同じ試合のかたちになり、そこでもできるとしたら、それはそれで一つの進化じゃないかな。

（２０１７・９・15）

リーダーのあるべき姿

政党なら党首、ピッチ内ならキャプテン。リーダーとはどうあるべきか。正直に言えば、リーダーなるものに大きな意味はないとブラジル時代は思っていた。

一人ひとりが個人事業主で、自分の役目と責任を全うすることでチームの助けになるのがプロ。なれ合い、仲良し集団になる必要はないし、自分はどうあるべきかを個々人が問う集まりなら皆がリーダーであるべきで「キャプテン」は重要じゃないはずだ。

ただし何千匹もが無秩序に動くかのようなアリの世界にもリーダー格はいて、統率がとれていると聞く。無法者のようなワルの集団にも長や副長ができ、必要な規律が保たれる。生き物はおしなべてそうなんだろう。やはりピッチにもリーダーがいると助かるね。

プレシーズンの鹿島との練習試合。小笠原満男選手が休むことなく周りを鼓舞し、同時に励ましていた。優勝も、それを逃す経験もした選手が率先して行動し声を出す。あういう存在がいるから鹿島は強いんだ。

今週の横浜ＦＣの練習後では、監督が「若いやつの声が出てない。もっと要求しろ」と怒った。確かに20歳のヒデ（中田英寿氏）は当時から指示されずともすごく高い要求を周りにしていてね。衝突も辞さず、物おじせず、言うべきことは言う。おのずとリーダーシップを発揮するというか。

練習での声については「とにかく出し続けることで、やがて意味ある意見も出せるようになる」という見方もあるみたい。ただ、イタリアでは練習中の掛け声や私語は禁止、みんな黙って練習するクラブもある。リーダーシップは様々だ。

選手に「もっと発言し、要求をしろ」と求める監督も、ヒデくらいの要求を自分へ向けられたら困っちゃうかもね。「そこまで食ってかかれとは言ってない」と、嫌がるかもしれない。

でも文句も言わぬイエスマンの選手が、腹の中では「負けて、この監督が早く辞めないかな」と思っていないとも限らない。逆に要求の高い選手は、それだけ真剣に突き詰めていることが多い。煙たい選手の方が、監督と同じくらいチームの勝利を考えていて、頼りになったりもする。自己本位にみえても、勝つために言える人。それもリーダーのかたちです。

（２０１７・９・29）

見方はそれぞれ

引き分けた日本代表のハイチ戦だけど、僕はいい親善試合だったと思う。90分のうちにガラリと展開が変わる、サッカーはそういうものだ。冒頭15分だけ見れば、6点ほど入りそうな流れ。でも、1点返して相手は俄然、力を得た。おかげで、日本はいろんな状況と向き合うことができた。大差で終わる〝強化試合〟より身になる。面白かったしね。

速いカウンターで攻略するぞと勇んでも、あの日の終盤のようにベタ引きされればカウンターはままならない。この状況は今後も遭遇しうる。そこでボールを動かし、外から糸口を見つける。3点目がそうだね。香川真司選手は僕と同じAマッチ89試合目だから、「必ず俺のために点を取るよ」と息子に予言していたんだ。よく追い付いたよ。

ボールを保持する「ポゼッション」だけでは勝てないけど、カウンターだけで勝てるわけでもない。僕個人は、見る側でもやる側でもポゼッションサッカーの方が好き。どんどんボールが動き、選手が次々関わる楽しさがあるし、土台としてその力を持つ方が

「その先」へも行けるというか。回し方の質が高ければ、カウンターも含めて攻撃の幅が広がる。保持と速攻の使い分けも、ポゼッションに優れたチームの方がやりやすいんじゃないかな。

やるべきサッカー、やりたいサッカー。どちらもある。ハイチ戦のように状況が二転三転すれば、ピッチで自分が考え行動しなきゃいけない。攻め上がってシュートが決まったとする。それは監督がそうしろと言ったから？　いや、自分がそうしたから生まれたはず。主役は選手。自分の判断でサッカーは動くんだ。

一選手が「もう輝きを失った」とたたかれる。「ついこの間まで『救世主』とたたえられたのに。急すぎない？」と知人が首をかしげた。何でもそうでね。立場が違えば批判も簡単だなと。失言から辞任した某大臣は、野党時代は当時の大臣を糾弾していたね。「素人を大臣にしていいのですか。失言が過ぎます！」

仮に品性に欠ける行為があったとする。それを批判するにしても決めつけが過ぎると、なじられる側よりもなじる側の品性が疑われもするよ。見方はそれぞれ。選手の輝きも、ポゼッションも。

（2017・10・13）

どこでも、やるよ

選手が一番行きたいチームへ、必ずしも行けない。ドラフトと聞いて思い出すのは、過去のそうした物語。自分の道を自分で選べないかもしれないこの制度は、自由と民主主義の米国で広く採用されてもいる。

僕はドラフトの経験がなく、プロ駆け出し時代でいえば、道は選ばなかった。経験が積めるなら、自分を使ってくれるのなら2部でも4部でも「どこでもやるよ」という気持ち。選択として迷ったのは、清水から誘われ、移籍するかヴェルディ川崎（現東京ヴェルディ）に残るかを迫られた1992年かな。僕はサッカー人気を確実なものにするには、故郷の期待に応えるよりヴェルディでプレーすべしと決断する。成長につながる道を常に考え選んできた。

A社志望のはずがB社へ進む。与えられた役割や環境が想像と違い「こんなはずは」と戸惑う。よくあることだ。ただ、少々の違いで戸惑うのも考え物でね。監督がブラジル人に交代した今の横浜FCでもそう。目標へのアプローチも練習も前任者とはかなり違う。すると一つ一つが気になってしまう選手もいる。「ああ言っているけど……」「この練習で大丈夫？」。理想のイメージが別にあるからか、必要以上に不安に陥り、視野が狭まるというか。

僕はそこまで動揺しない。その辺の感覚はブラジルの寮生活で鍛えられてね。眉をひそめる行動をする同僚もいて、でも時には一緒に交じってバカになり、なじみ、折り合うことも学んできた。人生には、取り得た道ならいくつもある。でもあり得たかもしれない人生より、選び取った今日の方が大事だからさ。

周りは代表クラスの先輩だらけの中学時代、「大人になれば自分が上になる」と信じ切っていた。ブラジルへ行けば越えられると、ブラジル行きも決まらぬ時点から疑わず。そんなサッカー人生、これまで下した選択は全て正解でした。サントスを離れ転々とし、CRBやコリチーバを渡り歩いたのも正解なら、日本へ戻る決断も正しかった。クロアチアへ飛び込み、京都の招きに応じ、ゼロ円提示後に選んだ神戸でも実りは大きく、横浜FCを選択したのも正解だ。

そう言い切れることが、精いっぱいやってきた証拠といえるんじゃないかな。

（2017・10・27）

遊びもスポットライトも

仕事と遊びは別々のものではなく、二つで一つ、一連のものだと思う。たくさん仕事をし、たくさん遊ぶ。アクセントとして遊びが入ることで、いいことも嫌なこともいったんリセットできる。クッションとして働いて、また気持ちがサッカーへと戻ってくる。

だからサッカー以外の時間は、サッカー人生をつないでもいる。サッカーと同じくらいの熱を、遊びにも注いできた。勝てば祝勝会。負ければ残念会。ただしやっていることは一緒――。良いときも悪いときも、そんな変わらぬリズムで。

お酒をあおり、パーッと嫌なことを発散できれば、その瞬間はいい。だけど落ち着いてみると「……何やってんだ」となる。気を紛らわしただけだと悟る。人生経験が備われば、昔なら浮ついた場面で一歩引き、自分を律するようにもなる。抑止力がつくというか。

でもこれが出来過ぎても、やっぱり人生は面白くないいんです。仕事も遊びも百パーセントで突っ走ってきた人間からすると。「明日は練習があるから控えよう」が常だと、だんだん地味になり、どこかつまらない。

　体のどこかが痛い。気が乗らない。そんなときもあるよな、と周囲に話したら「そりゃそうです。あと30年もすれば体の全ての機能は停止しますから」と返ってきた。この見解を前向きにとらえれば、痛みこそ生きている証拠かもしれないし、一つの痛みなどたいしたことないとも思えるね。

　ルヴァン杯決勝の前夜祭に初代ＭＶＰとして招かれた。１年前はＪ２で横浜ＦＣと同列のセレッソ大阪がファイナリストとして壇に立つ。ずいぶん遠くに行かれ、悔しくもあり、夢の持てる話でもある。練習とは直接関係ない時間だけど、この感触をチームへ還元できればいい。それに僕らは人前に出ないと輝かないものだ。

　人は見られて変わる。見られ声をかけられることで顔つきも変わる。かつての１００歳超え人気姉妹になぞらえ「きんさん・ぎんさん」現象と僕は名付けています。人目を浴びて、ますます元気になる。

　自分に元気がなければチームも引っ張れない。元気を出すには人前に出て、他人からパワーをもらうことも大事。遊びと同じくスポットライトも、サッカーへ生かせるはずだからね。


（２０１７・11・10）

超えられない師匠

ブラジルからすると、日本代表は何ともくみしやすい相手なのかもしれない。自分たちの良さを出すのにぴったりというか、いつ対戦しても、日本はこてんこてんにやられてしまう。

これは、日本では1+1が2になるというふうにサッカーを教わるけど、向こうは1+1を3や4へ膨らますサッカーをするからかも。欧州と日本なら、組織や形式といった共通の理解・基盤がある。だから強豪相手にもいい勝負もできうる。でもブラジルと戦うとなると、共通理解の枠からはみ出る驚きに出くわす。「え、ここでパスをするの」「そこへ選手が出てくるのか」。教科書通りとはいかない要素も多くて、うまくはまらず、やりにくい。

そんな面白みを表現していた選手にマルセロがいたね。同じSBでも同じ遠征で対戦したベルギーの選手とは大違い。日本の選手が圧力をかけると、ベルギー選手は安全第一でボールを下げてくれる。半身で逃れつつ横パスやバックパス。こうしてくれると、そのパスを合図に日本が連続的なプレスをかけられる。

でもマルセロは違う。圧力がかかろうが堂々向き合い、相手の目の前にボールをさらす。簡単には奪いにいけない。ヘンに突っかければ、逆に抜き返される。

日本は開始から勢いよくプレスをかけていた。でもあのマルセロの最初のプレーを見た瞬間、これは大変な試合になると僕は思った。「もっと取りに行きたかったけど、行けなかった」が本音じゃないかな。行けば行ったで、奪えそうで奪えない〝鳥かご〟状態。奪いに行かず引けば引いたで、好きに回されてしまう。

一度、ブラジルに青い第2ユニホームで戦ってもらうのはどうかな。あのカナリア色には強烈にすり込まれたものがあり、自分が弱く思えてくるというか。今の選手はもうそんなコンプレックスはないだろうけど、代が替わろうとも変わらぬ関係性がある気がして。

数え切れないブラジル人が日本にサッカーを教えてくれた。ジーコもそう、さかのぼってセルジオ越後さんや与那城ジョージさんも、みんな伝道師。そこと一戦交えるとなると、師匠と弟子みたいになってしまう。いくつになっても、大人と子ども。弟子って、師匠をなかなか超えられないんだよね。


（2017・11・24）

レジェンドのよしみ

ワールドカップ（W杯）組み合わせ抽選会に「国際サッカー連盟（FIFA）レジェンド」として招かれ、モスクワへ飛んできた。

「インファンティノ会長、こちらはカズ。ブラジルで活躍した初めての日本人で、イタリアへも挑んだ開拓者なんだ」。そう紹介してくれたのは元ブラジル代表ロナウド。青年のころ、彼はサントスでの僕を見てくれている。フェノメノ（怪物）に敬意を払ってもらえて、身に余る光栄です。

前夜祭ではフォルラン（ウルグアイ）が自分のテーブルへ僕を呼んでくれた。「みんなに紹介したい人がいる。世界で一番、年を取った現役選手だ。信じられないぞ？　50歳だ。俺もセレッソ大阪で戦ったよ」

52歳のブラン（フランス）とは朝、ホテルのジムで鉢合わせ。ルーティンの筋トレを黙々とこなす僕へ寄ってくる。「……お前、こんなきついことを毎日やってるのか？」。欧州の常識に照らしても、どうも僕はやり過ぎの域にあるみたい。

みんなW杯でプレーした人ばかり。でも、僕は出ていない。あんなに戦ったはずが、なぜ自分はそこに立てなかったのか。悔しさと寂しさがよみがえり、こみあげる。でも、W杯には愛されなかった自分がこの場にいられるのも、日本が6大会連続出場を果たし、後に続く世代のみんながそうしてつないできてくれたからだと感謝の思いが湧く。

敬意にあずかれるのは、ブラジルや欧州で自分が必死にたどったストーリーに価値を認めてもらえたからだろう。サッカーのくれた「つながり」の大きさ。やってきたことはこうして確かにつながっていく。

今年も自分自身への期待を下回る、ふがいないシーズンに終わっている。チームは代わり映えのしない10位。自分のリーグ戦1得点452分出場も想像にはるかに届かない。だからもう一度、僕は練習をへて強くなる。そして2月にまたチームと、このコラムへも戻ってきます。

37歳のロナウジーニョに日本でのプレーを勧めたら、「いやあ、もう年で。毎日練習するのも……」と口ごもる。何言ってるの、まだ若いよね。僕はまだまだ走っていたい。来年も一日一日を積み重ね、「つながり」を深く広げていきたい。

（2017・12・8）

V

明日は誰も分からない——２０１８年

2月9日～25日　冬季五輪開催（韓国・平昌）。
2月26日　51歳の誕生日を迎える。
4月9日　日本サッカー協会が、ハリルホジッチ日本代表監督の解任を発表。後任の監督には西野朗日本サッカー協会技術委員長が就任。
6月　ワールドカップ・ロシア大会開幕。日本代表はグループステージを1勝1敗1分で勝ち抜け、ベスト16入り。
7月26日　森保一日本代表コーチが日本代表監督就任。
9月8日　テニスの全米オープンの女子シングルスで大坂なおみ選手が優勝。
11月17日　横浜ＦＣは２０１８年のＪ２のリーグ戦を21勝８敗13分（勝点76）で終え、３位に。
12月２日　Ｊ１参入プレーオフ２回戦で横浜ＦＣは東京ヴェルディに０−１で敗戦。

＊太字は著者自身の動向
敬称略

33年目も毎日が未知

三浦家そろって午後9時からテレビドラマを見ようとしたときのこと。「じゃ、寝るわ」と一人立ち上がった僕に、息子は虚を突かれたみたいだった。「え？　早くない？　木村拓哉さん主演だよ」「見たいけどさ、最後まで見ると午後10時だろ。10時からベッドに入ると眠るのは10時を過ぎるだろ。9時にはベッドへ入り9時45分には眠りたいんだ。我慢するよ」

朝から晩までトレーニングしかしない自主トレやキャンプのこの時期は、幸せでもある。グアムだと車にも乗らず外食もせず、一カ所で練習も生活も完結、体調も目に見えて上向く。

とはいっても、そうしてみっちり仕上げてチームへ合流してみて、少し裏切られるときもある。20年前なら自主トレを経ると「よく走れるな」と実感できたのが、「こんな程度か」としか成果を感じられないときも。やればやるだけ身になる年齢かというと、そう言い切れない難しさ、ズレ。

ここから1シーズン、自分がどうなるのか。試合に出るまでに状態を上げられるか。出れば出たで、体がどう反応するか、つぶれないか。あるいは出ないなら出ないで、体が衰えていかないか。正直、分からないし、予想はつかない。分からないことばかり。だって51歳は初めてだものね。これだけ現役として生きてきてもプロ33年目はまた振り出しからというか、どれだけ経験があろうがまだまだ〝経験不足〟です。

グアムには元日本代表の田中隼磨選手（当時35歳）もいて、技術の練習でも走ることでも、メニュー一つ一つ、何一つおろそかにしていなかった。だから高い水準でプレーし続けられるんだなと納得する。ウオーミングアップを単なる練習前の準備運動と考える人もいるけど、そうじゃない。その運動をどうすれば自分の体に良いか、試合につながるか、先を見据えた意味を踏まえながらやるものなんだ。

51年目の僕に「これだけやれば大丈夫」という後ろ盾はない。過去も成功体験もあてにはできない。毎日が未知。ならば毎日、考えたい。ウオームアップの一歩に、寝る時刻の15分差に、自分を高めるための細部に、こだわる。

分からないことに挑む２０１８年の毎日を、そうやって楽しんでいきます。

（２０１８・２・２）

悪条件にも適応する

日ごろは自分の身近にあるものでないこともあって、冬の競技は五輪を機会に触れ、知ることが多い。例えばスキー・ジャンプ。4年に1度、何秒間かの踏み切りや飛躍にすべてをかける。それでいて、その一瞬が必ずしもいい環境に恵まれない。気まぐれな風。寒さ。悪条件。過酷というか、不条理にさえ思えてくる。

色々な条件がピタリとかみ合わないと、自分のパフォーマンスを出し切れないときは僕にもある。公式戦なら準備を万端に整えられる時間が設けられているけど、試合に出ていない選手にとって勝負になる練習試合だと、遠征から戻って翌朝すぐ「本番」だ。休む時間が少し足りない、栄養を取りきれない、何らかのハンディキャップ。リズムが微妙に変わることで、結果に誤差が出てもくる。

最高のパフォーマンスができた日があるとする。何を食べ、どう備え、どんな過程でそこへ至ったか。思い出しつつ同じ手順をなぞったのに、次回も同じにはならない体験、ありますよね？　同じ状態を再現することの難しさは、アスリートならどこかで感じるものじゃないかな。だからいろんなことが起こる。絶対王者が敗れる。予想は覆り、不安や重圧に襲われ……。

ＦＷの僕らが与えられたチャンスにゴールを「決める力」は、実際にはチームに助けてもらうもの。周りのお膳立てがなければそこまでいけないものでもある。五輪の選手が力を出すべき一瞬で、ピタリと力を出せる「決める力」は、また違ったものなんだろう。

考えてみればストリート育ちのブラジル選手は、どんな条件でサッカーをさせてもうまい。いい芝生、硬い地面、ぬかるみ。様々な状況でやってきて、本当の意味で使える技術を持っている。僕自身もブラジルに渡った10代にはあらゆる悪条件でサッカーをした。「こういう場でもプレーできなければ、本物じゃない」と言い聞かせながら。

経験とは、いろんな条件の下で戦い、生きてきた幅のことだ。そして生き残るということは、状況に順応できるということ。理想の条件ばかりは望めない。言ってみれば、僕らには泥沼しか与えられない。それでも合わせていく。それを「力」とも言い換えられるのだろうね。

（２０１８・２・16）

自分を語るということ

どちらかというと日本人は、自分の口で語ることがうまくないかもしれない。僕の接した外国人は、自分というアイデンティティーを強く持っていた。サッカーや人生に対する確たる考え方を。ブラジル人はブラジルのサッカーが一番だと疑わず、イタリア人はイタリア人で「それは我々だ」と思っている。その信念から豊かな言葉が生まれる。プレーが上手でも、語りは不得意な選手もいるかもしれない。仕事の範囲をどうとらえるか、だろうね。プロは個人事業主でもあって、自己プロデュースの力もある程度身につけなきゃならない。自分の価値は自分で上げるしかないから。

かくいう僕も、15歳までは内弁慶だった。静岡に住む限りは家族がいて、勝手知った る環境もあり、みんな似た価値観で暮らしている。そこから一歩出ると萎縮するというか、サッカーでも話すことでも、うまく自分を表現できずにいた。

これがブラジルへ飛び込んだとたん、言葉が違う、食べるものも違う、習慣も違う。自分から溶け込まないと、生きてもいけない。もう萎縮している暇すらなくてね。自ら動き、自分で壁を破るしかない。だから積極的に現地のものを食べ、積極的に言葉を発した。

15歳までは負けず嫌いでもなかったはずが、何事であれ負けたくない、勝ちたいという性格になっていった。人前でも自分の言葉で自分を説明する表現力が、そこでついたように思う。

それに海外ではメディアも、選手の声というよりは自分の意見しか、書かない。ちゃんと書いてもらいたくて、言葉を尽くさなきゃと鍛えられた面もあるよ。

ちょっと余分にしゃべりすぎたかな、というときもある。51歳の誕生日の翌日も、そうかも。「しゃべらない」のも案外、難しいんだよね。秘め事のある人が黙っていられず、やたらとしゃべってしまうように。

一つ言えることがある。僕らのように人前に立つ仕事の人は、批判を恐れて何も言えなくなるくらいならその仕事を辞めるべきだ。困難な状況でもしゃんと話すのは容易でない。でも苦しいときほど、しっかり語るべきなんだ。いいときは誰でも「いいよ!」とスラスラ話せる。そうでないときこそ、その人の人間性が分かる。

(2018・3・2)

覚悟の「最低でも50歳」

プロ野球のイチローさんが古巣マリナーズへ復帰することが決まった会見の席で、「50歳まで現役」ではなく「最低でも（現役で）50歳まで」と語っていた。

あれは現役を続ける単なる意思表示ではなく、メジャーリーグで最低でも50歳までという決意表明と僕は感じた。それ以外の選択肢は考えない、くらいの覚悟の表れと思えてならない。

自分と契約してくれるところがあれば、どこへでも行く。僕自身はそんなスタンスで昔からやってきた。ブラジルには州から全国レベルまで、1部から4部まで、星の数ほどクラブがある。自分が必要とされ、体が元気な限りは、そこで輝きたい。そう考えるようになったのはあの国で育ったからだと思う。ただイチローさんの場合は、また違う考え方なのじゃないかな。

腹をくくり退路を断ち、高いハードルを課して挑み続けるわけで、ものすごく難しいことだ。第一線であり、日本人枠がある舞台でもない。すごい、と言葉にすると安っぽいからそうは言いたくない、表現に困る「すごさ」というか。技術、精神力、情熱、悔しさ、積み上げた全ての要素がトップレベルなんだろうね。

その姿が発奮材料にならないわけがなく、では自分はといえば……、ふがいない。何もできていない。肝心のリーグ戦で役に立ててない。だから充実感もない。

1トップ、トップ下、サイドとポジションは色々と割り振られているけど、その点にこだわってはいない。役割が定まらなくても、与えられた場で長い時間プレーして貢献することが僕の理想。とかく最近はオフ・ザ・ボールが重要だと言われるけど、サッカーの原点はやはり「ボール」だとも感じる。オン・ザ・ボールのとき自分に何ができるか。そんな覚悟でもっともっとボールに絡みたいね。

イチローさんとは折々で連絡を取り合っている。「変わらずやっています」「お互い、刺激し合えるといいですね」。昨年末も日本で旧交を温めた。メジャーでの姿をずっと見たい、見たいと思いながら、まだ果たせぬまま。J2だと中断期間もないものだし、僕がオフ期間は彼もオフで、見にいくタイミングを失ってしまう。思いのほか、現役が長くなっちゃってね。僕の方が。


（2018・3・16）

矢面に立ってくれる人

本番前まですごく調子がよかったのに、本番が始まるとよくないときがある。状態は悪かったはずが、本番で体が動いてくれることも。日本代表も直前の親善試合の出来がワールドカップ（W杯）へ直結するわけじゃない。別物かといえば、そうかもしれないね。

見る側は、準備の段階で順調ならば「今回はやってくれそうだ」と期待を膨らますことができる。でもやる側の僕ら選手は、うまくいけばいったで「どこかに落とし穴があるのでは」「本番ではこうはいかない」という心理に陥る。どちらにしても本番に対する不安は常にあって、そこから逃れることはできないんだ。

あるきっかけで流れが悪くなるということは、きっかけ一つで悪い流れも変わりうるということ。何がそのスイッチか分かりやすい答えがあるわけでもない。

得点すればメンバー選考に「残れる」、しなければ「残れない」――。そんな議論には首をかしげる。じゃあ本田圭佑選手らFWはどんな「結果」を求められているんだろう。勝敗という結果ならチーム全体の問題だ。本田選手が得点に絡むことがなければ「当落線上」と書かれる。でも得点を生まず、絡んでいないFWを「当確」とする論調もある。基準はどこなの？

もし25歳の僕が今の代表にいたとしたら本田や香川真司、岡崎慎司の3選手がいてくれればどれだけ心強いことか。経験の浅い僕はピッチで香川選手と一緒になることで生かされるはず。どう考えても3人は枠内にいてほしい。あ、岡崎選手はいるとまずいか。僕が出られないのも困るな。

「3試合10分ずつ、計30分であっても、W杯でオカは必ず点を取りますよ」。2010年W杯で岡崎選手の同僚だった松井大輔選手は確信めかして言う。

勝てなければ、点が取れなければ責められてきた3人だ。本田選手がいれば責めは彼が引き受けるわけで、周りは気をもまずに済む。活躍して新聞の一面を飾る人はいても、点が取れなくてトップ記事になる人はそういない。無得点なのはみんな一緒でも「本田がゴールしなかった」となる。ほかのFWは楽だし、そういう評価に伴う悔しさをバネにもできる。どれだけチームの助けになることか。

（2018・3・30）

明日は誰も分からない

監督というものは2種類しかない、と端的に語った監督がいた。解任された会見でのことだった。「私のように今日クビになった人間と、この先にクビになる人間と。その2つだけだ」

現代に生きる監督はもっとつらい。システムに戦術、今の選手はいろんな知識を身につけている。小中学生、僕の次男でさえ戦術を一丁前に語るくらい。彼らの疑問に答えを用意せねばならない。昔ならそんなやり取り、珍しかったもの。

ジェノアでプレーしていた1995年、0－4でラツィオに負けた。遠征帰りの空港で監督に「明日の練習は何時から？」と聞いたら、寂しげに答えた。「おれはもう監督じゃない」。主力選手がクラブに「この監督では無理だ」と訴え、会長が動いたのだとか。ロマーリオは選手の身であまたの監督を代えさせたとささやかれる。横浜FCのブラジル人監督、タヴァレスとそんな話をしたら「そういうもんだ」とうなずく。「でもな、監督はそんな扱いに慣れていくんだ」

日本代表のハリルホジッチ監督が任を解かれたが、選手が「あの監督ならやらない」など働きかけたとは僕には到底思えない。監督自身も選手も協会も、時間を費やして数々の犠牲を払ってきた。契約を切った側も、切られた側も、選手も苦しみは同じ。誰か一人を責められるだろうか。

僕らは結果がすべて。でも矛盾するようだけど、結果なんてよく分からないものだ。サントス時代、リーグ戦へ十分準備してきた開幕戦の前日、監督が他のクラブへ去ってしまった。代役はフィジカルコーチ。それで開幕戦に4－0で勝った。あるチームで不敗が続いた好調時に、監督が打ち明けたこともある。「なぜ勝てているんだろうね」。思いもしない形で成果が出たり、考えを尽くしても結果が伴わなかったり。そう単純な因果関係じゃない。

監督を代えてよかった、続けさせるべきだった。どれも結果の出た後に語られることで、いまの時点で絶対の正解を持ち合わせる人はいない。明日のことなど誰も分からない。だから僕ら選手、現場の監督は腹をくくる。すべきことに百パーセントの集中で臨む。明日を切り開く。

そしてみんなで一緒に、ロシアで喜びたいですね。

（2018・4・13）

言い争いも成長の表れ

語学に詳しいというだけで字幕翻訳が務まるわけではない、と耳にしたことがある。サッカーの通訳もそう。日本の指導者の指示を外国人選手に伝えるとする。「横ズレしろ」。この「相手の動きに応じて立ち位置やマークをスライドする」という趣旨を瞬時に外国語に言い換えるのは、ある共通理解がなければ言葉が達者な人でさえ戸惑うはず。とかく外国人との意思疎通ではズレが起こりうる。

ハリルホジッチ日本代表監督が解任された理由の一つにも「コミュニケーション」が挙げられた。これには時代背景もあるだろう。Jリーグが生まれた1990年代から2002年ごろまでは、日本人はサッカーに対するアイデンティティー、哲学をまだ持てなかったように思う。海外を手本にまずは言われたことをすべて受け入れた。ジーコが何かを言えば「その通り」とうなずき、外国人が言うなら「きっと間違いない」と。

でも25年が過ぎると日本のあるべきサッカー、スタイルがそれなりにできあがってくる。言われたことだけやればOKで、通訳を介した一方通行で済んだ段階は終わり、やり取りが何十往復にもなる。海外で経験を積んだ日本選手もいて「いや、こうだ」と異議を唱え、意見を戦わせるわけだ。これで言い争いが増えるのは悪いことでなく、成長の証しでもあると思う。

足が痛いという横浜FCの若手がいた。痛いのかと僕が聞くと「違和感がある」という。「できるか、できないのか」と問いただすと「やろうと思えばできますが」と口ごもる。このキャッチボールは外国人には理解しがたいよ。日本人は忖度がうまくても、外国人は0か100か明確さを求めるから。

そのうち「僕はやりたいけど、医者がやるなと……」と言い始める。これ、誰かに背中を押してほしいんじゃないかな。暗に責任を自分以外へ委ねたくてね。

僕は違う。人に相談し、意見も戦わせつつ、自分がやれると思えばやる。その代わり、故障をすれば誰のせいでもなく、自分の責任。あすプレーするかしないかも、代表での振る舞いも、自分で決める。ずっとそうしてきた。そこには後悔の生じる余地がないんだ。失敗しても、自分が選んだことだから。

（2018・4・27）

熱と呼べるつながり

全国に54ものJリーグクラブができたということは、100キロほどゆけば何らかのクラブにぶつかる。25年前は10クラブで始めたわけで、大きな変化だよね。

消滅しそうなクラブなのに、なくならない。ブラジルやイタリアではそうで、サンパウロ州の4部へ降格し、弱体化し縮小はしても、町の人の力を借りては息を吹き返す。「トップがその人だったら協力する」と融資する救世主が現れて。

「J2に落ちたら応援してもらえない。行政もお金を渋る。だからJ1に残れるようにして」。神戸が降格圏にいた2002年に会社が泣きついてきたとき、「それはおかしい」と僕は反論したものだ。お金がない？　お金をかけずにやれる方法ならたくさんある。活動の定義が狭すぎやしないか、と。

そこで始めたのが小学校訪問の走り、「夢で逢えたら」だった。目先でなくもっと先、20年後をみて、僕らの存在を知ってもらう。「あるといいな」と少しでも感じてもらえるように。

熱というものは冷めていく。Jリーグが出来たての頃の熱さは、日本代表の急成長とリーグの夜明けが足並みをそろえた社会現象だった。いまはワールドカップ1カ月前でもサッカーで沸く日は少ない。でも、熱と呼べるつながりを町との間で温められるのなら、3部に落ちようが存続の淵に立とうが、救いの手は現れると思うんだ。

日本の若者が行きたいと憧れるJリーグのビッグクラブって、なかなかない。今だったら往時のヴェルディ川崎（現東京ヴェルディ）の豪華メンバーも多くは海外へ流出しているだろう。近年のセレッソ大阪も25年前ならヴェルディのようなスター軍団になっていてもおかしくないよ。セレッソは全国区のビッグブランド、代表クラスが続々と加入――。グローバル化した現代サッカー界はそんな夢想を許さない。

ただし選手が外へ出たことで、セレッソなるものが世界で評価されもした。一方からはマイナスにみえたことが、見方を変えればプラスということもある。どこへ旅立とうとも、おらが町のスター。自転車に抜かれそうな車に乗り、酔って公園で寝ていた若者が、横浜FCを経て日本一のクラブの一員へ育つ。これも勝利とはまた違う、大事な成功のかたち。

（2018・5・11）

「理不尽」の限界

フラメンゴ時代のジーコが膝にタックルを受けて大ケガをしたことがある。相手監督が「膝を狙え」と故意の指示を出していた。監督と選手は母国で二度と仕事はできなかったという。

潰せ、削るくらいでいけ。ブラジルだと「ゲへーロ」、ポルトガル語で「戦う人」という言い回しがあるくらいで、「これはゲーハ（戦争）だ」といったたとえ方もよくされる。ただ僕は好まない。スポーツが人生を懸ける戦いだとしても、戦争と同列にするのは意味を取り違えていると思う。

「言うことを聞かなかったら、二度と使わないぞ」。サッカー界でも耳にしてきた言葉だ。日本だけのことじゃない。こうでない監督の方が少ない気がする。

でもブラジルだと選手も黙っていない。僕も監督に言い返し、口論し、歯向かってもきた。監督と選手は五分だと思ってきた。理不尽な要求をする監督、上級生が下級生に説教をたれる上下関係。少年時代はそんなものがまかり通ることに納得ができず、外でプロの世界に身を置きたかった。

「うちの会社は体育会系で」と用いられるほど、大学の運動部文化はなじみの深いものかもしれない。でも「おい、お茶を持ってこい」と言われてお茶を持っていくのが本当の体育会系なのかな。デスクや仕事場に着いたなら、実力がすべて。その方がスポーツらしいよ。

練習は理不尽、監督の権限は強大、全員が命令を100％聞き入れる。悩ましいのは、そんな組織もある程度強くなるということ。規律は高まるから、高校レベルだとそれで勝ちもするし、先輩・後輩の縦関係が薄れて〝緩く〟なった高校が弱くなった例もある。でもそのやり方でＪ３からＪ２、Ｊ２からＪ１へと上がっていくことはできても、Ｊ１優勝となると難しいよ。トップの世界では「うまい人」が一番偉い。それだけすごく、無視できないから。ネイマールが18歳の頃、指示を聞かずＰＫを勝手に蹴った。監督は怒り、もめた。クビになったのは監督だった。

親になってみると、息子がもう少し厳しい上下関係から学んでほしいと思うときもある。でも僕に説教する権限はないです。優れたものが正しいという世界を、自分も歩んだのだから。

（２０１８・５・25）

初戦まで10日もある

代表戦を戦い終え、ユニホームを持ち帰ろうとすると、用具係に「次回にしてもらっていいですか」とよく制止されたものだった。「いや、次に呼ばれなかったらどうすんだよ」と毎回、振り切って頂戴していた。自分には1戦1戦が特別だったし、どの試合にも勝負をかけていた。「その証しが事務所倉庫に山となって積まれているよ」とマネジャーは苦笑いする。

先月末のW杯壮行試合のガーナ戦前。入場を待つ選手の集中で漲《みなぎ》ったいい顔に、自分もあのしびれる感覚とともにあったことを思い出した。勝たなければ。ゴールしなければ。プレッシャーで自分を追い詰め、すさまじいハイテンションに達する。それがピッチに踏み出すと、すうっと緊張感がやわらいでいく。あれほど幸せな時間、そうはない。

ガーナとは1994年、名古屋と神戸で連勝し、僕は1戦目で2得点、2戦目でもゴールした。当時の相手の背番号10番が、ものすごくうまかった。

アフリカ勢といえばその前年に国立競技場のコートジボワール戦（1－0）でも延長

で決めたっけ。ヤスさん（三浦泰年、現J3鹿児島監督）のクロスを高木琢也・現J1長崎監督がつないだ所へ……。

その場面をドログバが覚えていた。「子どもとして見ていたよ」とW杯抽選会で会った際に懐かしんでいた。あのゴール、このプレー。勝利後、夜通し歌い明かしたことまでも、代表にひも付けされて思い出せる。

3大会連続出場の選手もいる今回の代表を「代わり映えしない」という人がいる。それは彼らがそれだけ特別であることの裏返し。追い越すのが大変なんだろうね。抜かれないだけの努力を欧州で積んできたことをW杯で証明すると、彼ら自身が燃えているはずだ。

初戦まで約10日、選手は10日「しか」ではなく「もある」と長く感じるものだ。10日もあれば状態も体も変えられるよ。しかし、香川真司選手もいつしか29歳、あっという間だね。そりゃあ僕もあっという間に51歳になるわけだ。

選ばれて立つ者にとって、代わり映えのない代表戦など存在しない。特別な舞台、重みを楽しんでほしい。僕もサランスクでエールを送りつつ、しばらくは練習とW杯に専念します。

（2018・6・8）

日本人監督が作る道筋

選手としても指導者としてもJリーグとともに歩んで育った世代から、日本代表監督が生まれる。森保一氏が日本代表監督になったことは、日本人指導者にとって夢のある話だと思う。

Jリーグ元年に20歳だった選手は今、45歳。ワールドカップ（W杯）ロシア大会を優勝したフランスのデシャン監督も49歳だから、指導者としてはいい頃合いだ。そんな元Jリーガーや代表OBの監督はすごく増えている。かつて横浜FCをJ1に昇格させた高木琢也監督（J1長崎）、名波浩監督（J1磐田）や長谷川健太監督（J1FC東京）。それぞれが色々なところで積み上げている経験は嘘をつかないんだろうね。

歴代の日本代表監督で、たたかれることなく任期を終えられた人がいただろうか。加茂周さんや岡田武史さんもそう。難局に直面して批判されるのも仕事のうちといえるけど、ここはひとつ森保監督を我慢強く見守ってほしい。2020年までは東京五輪男子代表チームの成功に力を尽くさねばならない一方、フル代表のアジアカップもある。W

杯ロシア大会に東京五輪世代はいなかったわけで、五輪代表を中心にアジア王者を目指すのは無理がある。

「4年後を見据えて刷新を」と考えが飛躍する人もいるかもしれないけど、監督交代を機にチームをガラリと変えると逆にうまくいかないこともある。まだ当面は現状のメンバーがベースだろう。結果を出しつつ変えていく作業は、少しずつ進めるのが穏当なんだ。

僕の〝森保像〟は昔からずっと変わらないというか。派手でなく、髪形も「ドーハの悲劇」のころから変わっていない気がするし。でも日本人らしく細部へ目が届き、観察眼も鋭いと思いますよ。あんなに穏やかそうな顔をしているけど。

育成年代の監督がフル代表監督でもあるのだから、若手は意気に感じるはず。J2山口からJ1ガンバ大阪に加入した小野瀬康介選手などもひと活躍すれば代表入りの芽も出る。そうなれば横浜FC下部組織育ちで代表選出第1号、クラブも夢を持てるよ。下は久保建英選手ら17歳から上は51歳までチェックするのは大変だろうけどね。

夢が続いていくという、いい道筋を森保監督につけてもらいたいですね。

（2018・8・3）

「戦術」日本と海外でずれ

日本のサッカーが得意とするもの、不得意とするものはこういうものだと、この25年で少しずつ、はっきりと分かりつつあると思う。「日本らしい戦術」もその延長にあるだろう。

海外で外国人監督と触れると、日本ならではのことに気づきもする。例えば予定のとらえ方。彼らは1カ月先のスケジュールなんてまず固めないし、翌日の予定しか伝えない人もいる。横浜FCのブラジル人監督、タヴァレスも2カ月先の練習試合を今組んでいくことに面食らうらしい。Jリーグではどのクラブも先、先を急ぎ予定を埋めていくから、そのせっかちさに合わせないと練習試合の相手すらいなくなってしまう。

ブラジル人監督に「少し休ませてほしい」と申し出ると、たいてい「そんなにサボりたいのか」と怪しまれる。現にサボって遊ぶ選手の多いブラジルならではの発想。僕も練習でキックの調子が悪いと、「昨晩遊んだから足が疲れているんだ」とよく決めつけられたものね。その人が育った環境を背景として生まれる理解のしかたがあるわけだ。

日本で「プレスをかける」という場合、指示は事細かい。「後方と動きを合わせて」「最初で奪えなくても、ここへ追い込んで奪おう」。ただしJ2徳島のスペイン人監督、ロドリゲスにとっての「プレス」は、とにかくボールに対して圧力をかけることらしい。力点の置き所はどうも違う。

プレス一つですら認識が食い違い、欧州とは見ている「絵」が少しずれる。戦術の大きな全体像となると……。日本は監督も選手も戦術を熱心に勉強している。一方で、神戸に入団したポドルスキは「日本の選手は技術がある。運動量もある。でも〝戦術的〟ではない」と述べてもいるんだ。

では僕が海外で接した監督から戦術をあれこれ指示されたかといえば、そうでもない。ある海外組の選手も「まあ欧州は戦術的でない監督、多いですから」と。僕ら日本人の考える「戦術」と彼らの指す「タクティクス」とは、意味合いや中身が微妙にずれているんじゃないかな。

分かったつもりが、実は分かり切れていないこと、けっこうあるのかも。自分たちで気づいていない良さが、まだ眠っているかもしれないのと同じようにね。

（2018・8・17）

ここでは負けないよ

イニエスタやフェルナンド・トーレスといった世界的スターがJリーグにやってきて、盛り上げてくれているのはとても素晴らしいことだ。そのうえで僕の持論になるけれど、「でも、この日本ではあの2人にだって負けないよ」という自負のある日本選手やクラブも絶対に必要だと思うんだ。

ジーコ、リトバルスキーにスキラッチ。25年前、できたてのJリーグはそれはもう華やかだった。実績でかなう日本人がいるわけがない。でも「日本でなら、自分たちの方がスターさ」とヴェルディ川崎（現東京ヴェルディ）の僕らは思っていたよ。

しばらくしてブラジル代表FWエジムンドがヴェルディにきた。とんでもないほどうまい。紅白戦となると、みんなどうしても気後れして遠慮しがち。だけど北澤豪さんだけは構わずガチガチと体をぶつけ、やり合い、言い争ったらしい。どんなスーパースターでも関係ない。同じ土俵にいる以上は負けるわけにはいかない。だから練習から火花バチバチ、がむしゃら。「きーちゃん」はそうだから。

すごい相手に「すごい」と感動して終わるようじゃダメで、差は認めたうえで「上回ってやる」と思えない限りは成長もしない。どの道であれ、プロフェッショナルはみなそうだろう。

Jリーグはさらにグローバル化していくはず。ただね、日本人のスターが出てこない限りは銀座のお姉さんにはピンとこず、覚えてくれないものなんです。国際化が進んでも、何だかんだと日本人は日本人に肩入れしたくなるのかもね。

ラモス瑠偉さんは日本ではまだサッカーがマイナーな1970年代を生きた。練習場へ小田急線に乗って通い、慣れない日本語のまま、よみうりランドで切符切りのバイトまでやった。そんな苦労の末に日本のサッカーを築き上げたという自負は強烈だった。だからこその負けん気から放たれた言葉を、ありありと思い出せる。

「誰がきたって、ここは日本だよ。どんな外国人でも、俺は負けない。カズもそうじゃなきゃダメだよ。でなきゃ日本のサッカーはよくなんない」「カズ、ここは日本だよ。お前がスターだ。他のやつじゃない」。相手がメッシだったとしても、あの誇りという名の反骨心はひるみもしなかったと思う。

（2018・8・31）

多彩なルーツ、当たり前に

僕の世代でいえば、テニスで日本人が世界のトップ10に入るのは至難の業というのが一般理解だった。そう考えると、何度も世界一になったセリーナ・ウィリアムズに大坂なおみ選手が勝って四大大会を優勝するのはすごいことだよね。

日本以外の国にルーツを持つ日本選手を、どんな競技でも見かけるようになった。Jリーグクラブの育成組織でも、もはや珍しい存在でもないという。肌の色に関係なく、出身にこだわらず、というグローバル化が広がっているんだろう。

その昔、ラモス瑠偉さんがサッカー日本代表になったときには「ずるい」という声がアジアの国から上がったものだ。〝純粋〟な日本出身でないじゃないかと。フランス代表には黒人系の選手にPKを蹴らせないといわれていた時代があった。差別からなのか、PKを外したときの仕打ちが倍増するのを避けたのか、分からないけれど。

一昔前なら「大坂選手は身体能力をハイチから受け継いでいるから……」と釈然としない人もいたかもしれない。でも今後はそんな声も小さくなると思う。それが当たり前になっていくなかで、違和感や偏見は薄れていくんじゃないかな。

欧州のクラブで感じることは、カテゴリーを問わずどこも世界選抜みたいなものということ。差別に訴えるとき人は違いを強調するけど、違い以上に共通項が多いものね。試しに日本で育ったアフリカ系のアスリートと話をしてみると、驚くほど日本化しているよ。

僕のおやじも肝臓は黒人だから。50代で移植手術を受けている。国際化の時代を先取りしていたというか、〝純粋〟にこだわっていたら命は永らえなかった。

話を戻すと、農作物では雑種で生まれた一代目が、親より耐性が強くなって大きくもなる法則があるらしい。ルーツや文化が交じることの恩恵はサッカーでもあるだろう。ストイコビッチと近くで一緒にプレーすると、自分もボールの止め方がストイコビッチ的になっていく。少なくともそういう気分になる。接触し、マネすることから上達は始まるからね。

小さいころから身体能力の高い子と競う子は、おそらくプレー水準が引き上げられる。自分とは異質なライバルが隣に出現することで、自分も伸びうるんだ。


（2018・9・14）

何回、はい上がれるか

頂点を極める人には孤独がある。登り詰めているうちは寄ってきて、ちやほやしていた人々が、下り坂になるや離れていく。人間不信。寂しさ。酒に走ってしまうスターもいるだろう。

最終的に残るのは生身の自分自身であり、その自分を信じ切れるかになる。「あいつは終わった」と周りがささやこうとも、自分だけは自分の味方でいられる。復活優勝を果たしたタイガー・ウッズも、38歳でなお奮闘する松坂大輔投手もそうなんじゃないかな。他の誰よりも、ウッズ本人がウッズのファンなのかもね。だから頑張れる。自分のプレーを誰も信じなくなっても、自分だけは信じている。僕もそんな思いでいる。

人生の階段から転げ落ちても、「自分は何を大切にしなければならないか」に思い当たれる人は強い。自分はどうやって今の人生にたどり着けたのかと問うたとき、ウッズならばゴルフコースで戦い、松坂投手ならマウンドで投げてきたからだろうし、僕においてはサッカーをしてきたからこそといえる。サッカーに育てられ、大人にしてもらえた。同時にサッカーは僕を子どもにしてくれる。グラウンドに立つ間は子どものように無邪気に楽しみ、悲しみ、喜べるのだから。

孤独でなければ強くなれない、ともいえてね。プレッシャーや大勢からの期待を支えるのが自分しかいない、という孤独に耐える力がなければ、それだけ巨大なものを背負いきれない。

「オンリーワンでいいなんて言っている人たちの、甘っちょろい考えは許せない。僕はナンバーワンでなきゃ嫌だ」。イチローさんの強烈な言葉に触れたとき、自分は甘いなと反省しました。オンリーワンでもいい、記録に残らずとも他にはマネのできない〝自分〟を貫ければと思っていた僕は、逃げを打っていたといえるのかも。かくいうイチローさんは「オンリーワン」でもあるんだけどね。

成功し続けるようにみえる人も、実は浮き沈みをしているものなんだ。必ず訪れる波の底で、どれだけ踏ん張れるか。反転のための手引書はない。でも僕らはそこから再び跳躍してみせる。人生は、何回成功するかじゃない。何回はい上がれるかだ。そんなフレーズを胸の中でリフレインしています。

（2018・9・28）

叱り方に問われる信念

「ダメや。お前ら」。何年か前、ボール保持の練習で僕らベテラン勢と若手が監督の前に立たされ叱られた。どすの利いた関西弁が飛ぶ。若手が指さされ「ミス、ミス、お前もミス……、ミスばっかりやないか！」。そして「一生懸命なのはおっさんばっかりや」。その褒め方もハラスメントすれすれと思うけど……。

どれほど熱を込めた指導でも、受け取る側がそう取らないこともある。ミーティングで監督が激しくゲキを飛ばしたある日。聞き終えた20代の選手が僕に言う。「何で一人でキレてるんですかね」。僕の世代の感覚だと、「キレた」程度まではいかない怒り方にみえたから、受け止め方の誤差はかくも大きいんだね。

昔なら荒っぽい叱り方も許されていた。子ども時代の僕が鉄拳を食らっても、親は「どんな悪いことしたの！」と言うだけ、「謝ってきなさい！」と逆に怒られもして。周りの子も「また知良が悪いことをしたんでしょ」と問題にすらしない。これ、僕だけかなあ。

そんな縦関係の支配する日本のスポーツ文化とは違うものを、僕は海外に求めた。ただし暴力はいけないとの大前提のうえで、体験でいえば厳しく叱ってもらって良かったと振り返ることもできる。未熟さや過ちに気づかせてくれた、叱られて救われた記憶があるのは僕だけではないだろう。

ブラジルでは暴力や体罰に頼る指導はない。ある意味、その必要性がない。なぜならダメなやつは切り捨てられるだけだから。ダメな人間を何とか引き上げ、叱ってでも矯正しようという教育的動機は乏しい。学校教育としてではなく、プロの養成としてサッカー指導がなされているから。ではそれだけでいいのか、と問われれば何ともいえない。

叱り方や指導法が難しいのは、答えがないからだね。いくらいい学校へ通わせ、いい教育を受けさせたつもりでも思った通りにならないこともあり、同じ教育を授けたはずが兄と弟で違った育ち方をすることも。

正解があるならそんな楽なことはない。子ども、あるいは選手を「こう叱れば」とマニュアルで考える人がいたら、少しいぶかしい。手探りながらも自分の信じる叱り方と向き合うしかなく、問われるのは信念なんだろうね。

（2018・10・12）

厳しい時が本当の勝負

サッカーを戦術的に語る人なら、今やそこらじゅうにいる。「うちは3バックの方がいいのでは?」「ボランチのマーキングがどうも……。もっと守備的な子にしてみては?」。小学生の親が、少年団チームの監督に意見するみたい。熱意のほどは分かるんだけどさ。

僕は試合を見る側に回るときは、まずは一ファンとして見る。専門的観点はひとまず置いておく。戦術も戦略も大事だけど、それ以外の要素で動くのが現場でもあるから。もちろん「戦術的に面白かった」という試合もある。でも理屈抜き、説明抜きで素人でも面白いと直感できるものが、本当の面白さとも思うんだ。

J1昇格レース佳境での直接対決になった横浜FC—大宮戦は、サッカー通でない知人でも「見ていて面白かった」と言ってくれた。互いに譲れない、負けられないという緊迫感が伝わったんだろう。川崎—神戸戦も最高に楽しめた。コンコン、と連なるパスのあの小気味よさ、イニエスタも川崎へ移籍したくなるんじゃないかというくらいだ。

ドリブルありパスでの崩しあり、そんな日本代表のウルグアイ戦も見る人に訴えるだけのものがあったよ。

選手とは違って監督は、感情を表に出すべきでないときがあるのが大変なところなんだろう。森保監督も内に秘めた意志は固いのだけれど、生の感情をあまり出さない。同時に謙虚でもいる。一番難しいことだ。たぶんいい意味でのドライさ、情に流されぬ冷徹さも持っていて、それが監督業での決断でプラスに働いているんじゃないかな。期待の膨らむ船出になったね。

ただ本人も覚悟しているだろうけど、この先には壁も待つ。監督が代わりたての頃は誰にもワクワクとドキドキがあり、アグレッシブになれる。ウルグアイに勝ったのは22年ぶり、その1996年の一戦は僕が2点取った。あの時も充実と高揚があった。でも本当の勝負はそこではないのだと、やがて思うようになる。

来たるべくして来る厳しい時こそ「自分たちがしっかりしたい」と長友佑都選手らは僕に言ってきた。ガンガン攻める若手を支えるベテランの存在も、忘れないでほしい。いいことばかりは続かない。壁は訪れる。でも、壁がなければ強くもなれない。

（2018・10・26）

決戦前、特別なことはせず

ここにきて横浜FCは2連勝で5戦負けなし、J1自動昇格の2位と勝ち点2差の4位につけている。

僕らのチームは良くも悪くも、雰囲気の浮き沈みがない。そのうえで飛び交う言葉も心なしか、ポジティブなものが増えてきた。

残り数試合に2006年以来の昇格が懸かる。「ここで逃せばもったいない」と力が入り、特別なことをしようと思いがちだ。J1優勝やアジア王者を懸けた決戦もそうだろう。でも肝心なのは「特別なことをしない」ことじゃないかな。

横浜FCはリーグ大詰めの11月のホーム戦から、前泊を敢行している。前夜も試合の一部、そこから戦いは始まるんだぞと士気を高める意味合い。ブラジルではどんな小さいクラブにもこの前泊の文化がある。

こうして僕らが前夜を明かすのは広大な豪華ホテルで、食事会場がどこか分からず、迷ってしまった。朝食からしていつもとは違うから「やっぱりいいホテルのパスタはうまいな」と朝から食べ過ぎてしまう。

さらにこの終盤戦は特別ボーナスが出る。勝てば出場選手だけでなく全員にボーナス、ゴールならもう一弾み。これがなかなかの額。思い切り特別なことをしちゃっているね。

試合に勝つとお金がもらえ、もう1つ勝てば倍額、と雪だるま式に報酬が膨らめば選手も「もっともっと」と上を目指すようになるのは事実。ただし決戦へのアプローチひとつをみても、これが正解と定まったものはない。緊張感をみなぎらせて臨み、勝てばその緊張感が称賛されても、負ければ「むやみにピリピリしすぎた」となる。「ニンジン作戦様々だ」となるか「ニンジン頼みしかできないのか」と評されるかは、結果次第でもあるからね。

そもそも決戦というのは気張らずとも自然に気が高ぶるもの。いつも以上に観客が入り、特別で、ニンジンでなくとも力が入る。だから選手自身は特別に何かをしなくてもいいんです。心がけるのはいつも通りの、いい準備。

そのうえで集中力は途切らせず、心を研ぎ澄ます。僕もいつでも出場できるよう準備を尽くし、仲間たちの雰囲気に気を配り、出たならば何かしらの貢献を果たす。そうやって普段通り、自分を整えています。

（2018・11・9）

クラブが重ねる歴史

横浜ＦＣは創設20周年を迎えた今季、Ｊ２を3位で終えてＪ１昇格をかけたプレーオフに進んでいる。僕はもう13年、ここで歴史をともに歩んできている。

この20年でクラブとして何を積み上げてこられただろう。年ごとの浮き沈みは激しく、1年間の成果や積み上げも、主軸選手が去るとともに消えてしまいかねないほどはかなく思える。そんなクラブはうちだけでもないだろう。

でも、クラブは浮き沈みを繰り返して大きくなっていく。大分はこの6年間でＪ１―Ｊ２―Ｊ３を行き来し、再びＪ１へ戻った。その道のりの起伏の大きさは、歴史の豊かさでもあるよね。鹿島のように常に強いのも立派な歴史だけど、それとは違った幅や底力があるというか。誰も挫折はしたくない。停滞や降格なんてないのがいいに決まっている。でも、したくはない経験も一つの財産なんだ。失敗や悲哀も人の自分史に深みを添えていくように。

クラブが催すイベント一つをみれば、そこが一流か三流かが分かる。段取りがいいか、人はてきぱき動いているか。細部すべてにそのクラブなるものが表れる。クラブ一人ひとりの意識のありようがそのクラブを物語るわけだ。その目でみれば横浜FCはまだ一流と距離があるかもね。

面白いサッカーを見せる「いいクラブ」でありたい。じゃあ面白いサッカーとは何か。高い技術や戦術といったスペックだとは限らない。それらを超え、素人も玄人も熱くさせる、パッションが伝わるものがいい。横浜FCの終盤戦は大入りの試合が続き、つられるように試合の内容も見違えるほど良くなった。これもクラブに関わるみんなで生み出せた熱だろうね。

昇格をかけた一歩も引けぬ争いの場に立てた事実は、若手、コーチ、横浜FCの次なる財産になっていく。でも、その場に立っただけでは駄目だとじきに気づく。トーナメントの決勝まで進み、敗れてみて、目指した憧れの場に立つだけでは駄目だと感じられるのと同じなんだ。

現ルールではJ2で3位になっても、4位以下にJ1行き切符が渡りうる。だから20年目の3位は、まだ何ものでもない3位。たどり着いた場所の一歩先を、いつも目指していたい。

（2018・11・23）

痛みを知って強くなる

Ｊ1入れ替え戦の迫った1週間を、僕らはオフで持て余している。東京ヴェルディとのプレーオフは終了直前のＣＫで相手ＧＫのヘディングシュートからゴールされ、横浜ＦＣの夢は断たれた。

もう1週間、もう1試合、戦うはずだった。今ごろは磐田戦へ神経を研ぎ澄まして……。やり切りたかった。行くはずの場所へ行きたかった。たった1週間、1試合のはずなのに、年間42試合分をも喪失したような重みを抱えながら僕らの1年が終わる。クラブの誰もが、モヤモヤと晴れない何かを引きずったままに。

上がってきたＧＫと競《せ》ったのは21歳の若手だった。目を配るべき相手が突然2人になり、彼なりに阻止しようとしただろう。想像だにしない状況がピッチでは常に起こる。考えずにはいられないはずだ。あのＣＫをやり直せたら、ＧＫを潰せていたら、Ｊ1にもたどり着けただろうかと――。

同じように25年たった今でも「ドーハの悲劇」を頭のなかで繰り返す。あそこでＦＷ

の自分が別のプレーをしていたら、まさかの失点もなく、日本代表にも自分にも、全く違う人生が開けていたのではと。でも、取り戻せないワンプレーによって、サッカーの時計が巻き戻らないことを僕らは悟る。傷つき、敗北の味を知り、人は大きくなっていく。

まさしく「この経験を忘れずに」なのだけど、忘れずにやっていくのがまた大変でね。人間はつらさ・痛みを忘れるようにできている。悔しさも時とともに緩む。転落から何回はい上がれるか、今は横浜FCにとってそんな場面の一つ。「もしも」と取り戻せない過去をたどるよりも、前へ。つらさを受け止めるだけでなく、先を切り開くんだ。

僕自身はリーグ戦39試合でベンチ入りし、いい準備のリズムは1年間保てた。でも先発はゼロ。悔しい。「後悔先に立たず」なのだとしたら、後悔を役に立たせたい。

25年前も2018年の最後も、ラストプレーのCKからの暗転、悲劇。まったく、サッカーなるものは僕に喜びを与えてくれつつも、ときに残酷なこともしてくれる。だからこそ面白い。痛みを知る人間の方が強くなれる。その必要な痛みが、生きている実感もくれる。当面、やめられません。来年も続けるしかないね。

（2018・12・7）

Ⅵ 「いま」に懸ける——2019年

2月26日　52歳の誕生日を迎える。
3月21日　MLBマリナーズのイチロー選手が引退。
5月1日　「令和」に改元。
5月14日　横浜FCがタヴァレス監督を解任。下平隆宏ヘッドコーチが監督に就任。
6月14日～7月7日　ブラジルでコパアメリカ（サッカー南米選手権）開催。日本代表はグループステージ1敗2分で敗退。
7月9日　ジャニー喜多川ジャニーズ事務所代表取締役が死去。87歳。
7月27日　EUROJAPAN CUPのためマンチェスター・シティが来日し、横浜F・マリノスと対戦。3－1でシティが勝利。
8月4日　全英女子オープンゴルフで渋野日向子が優勝。
9月20日～11月2日　ラグビーワールドカップ日本大会開催。日本代表は初のベスト8進出。
11月24日　J2最終節の愛媛戦に途中出場（Jリーグ最年長出場記録を52歳8カ月29日に更新）。横浜FCは2－0で勝利。2位となり、13年ぶりのJ1昇格を決めた。

*太字は著者自身の動向
敬称略

選手であり続ける

吹き抜ける風は冷たく、踏みしめる芝生もまだ硬い。そんなグラウンドの感触で、また新たなシーズンを迎えていることに気付く。

２０１９年も同じように選手であり続けられることの喜び。改めて言葉にするのは少し照れくさい。新しいキャッチフレーズでも考えつけば様になるけど、ここは気負わず、普通に、次なる1年へ走り出しています。

プロ34年目は、少し「やり込めていない」のが正直なところ。1月はグアムでこれまでで一番長く、24日間も自主トレに励んだ。だけどまだやり残した感じ。開幕までにもう一回、体に負荷をかけたいくらいだ。

でも、程よい疲れ方がいいのかもしれない。コンディションだけでみると昨季開幕前は心身ともに近年で最高。ただ、疲れが抜けない状態だった一昨年の方が50歳で開幕スタメンを果たしている。調整法なるものは正解を言い切れなくて。

シドニー五輪に向けた日本代表が始動した１９９８年11月。トルシエ監督は試合に向けた合宿で紅白戦もほとんどせず、ひたすら動き方の反復練習しかしなかったという。対戦するのは強豪、21歳以下のアルゼンチン代表。実戦形式が少ないだけに、選手らは不安でしょうがなかったらしい。

ふたを開けてみると1－0。練習でのパターンがありありと出て、目覚ましい出来栄えだった。しっかりしたコンセプト、自分がこだわるものを、信じてやり続けていくよ。

J2で3位になった昨季からの流れが横浜FCにはある。戦い方も選手起用も大きくは変わっていない。そこで自分がどう生きていくか。何より自らのコンディションを常にいい状態に合わせておくこと。この1年そのことで頭の中は埋め尽くされるんだろう。

昔も今も「90分間」を基準にサッカーを考えてきた。それだけプレーをしないと測れないものがあるからだ。「70分からでも技術がぶれなかったな」「途中で疲れを感じても、ラスト10分でまだ走れたな」。体力、技術、心……。45分間では見えてこない、リアルな自分をくっきりつかむことができる。

選手である限り、90分間。難しさもあれば不安も伴うハードルを自分に課したい。選手であり続けることへの、自分なりの宣言みたいなものだと思っている。

（2019・2・15）

世代の溝、感じない

ジェネレーションギャップというものが、どうも僕はピンとこなくて。

キャンプで食卓につけば隣は17歳の斉藤光毅《こうき》選手、横には20代の新人がいて、30代のベテランもいる。そうして話していても溝は感じない。「最近の若手はおとなしい」と耳にするけど、それは人によりけり。光毅などは17歳でも、意欲も情熱もガツガツさだってある。

昔と比べて今を語る人がいる。むしろ僕は変わらないものがあるように思える。とある30代の選手が嘆く。

「僕らの若いころはあんな態度、取れませんでしたよ」

いやいや、たぶん君たちも似たようなものだったよ。

40年近くも前の学園ドラマ、「3年B組金八先生」を先日、見返してみた。中学校でのトラブルをめぐり先生やPTA、警察が協議している。

「今の若者の考えていることは我々には分からない」

「突拍子もないことをされ、対応できません」

これ、平成が終わろうとする今の学校でも、ほぼ同じ議論が展開されていますよ。表面上に時代の違いはあるにせよ、語られている核心は世代を超え、こだまのように繰返されて。

もちろん52歳の僕は、今の10代とは違うことを経験してきた。それを語ると「昔はそうだったんですか」と驚かれる。それは例えば、こんな話。

サッカー選手が転籍するとしばらくプレーできない時代があった。日本サッカーリーグ時代の選手は会社員扱い。プロはプレーできず、チームを移れば一種の罰則を科せられた。

そんなとき、ドイツの1部のブレーメンで活躍していた奥寺康彦さんが、1986年に古河電工へ帰ってきた。当時のルールではプレーさせられない。そこで、木村和司さんと奥寺さんを特別登録選手とし、プロとして存在を認めた。これが、日本サッカーにおけるプロの夜明け。だから、僕もプロ選手のままでブラジルから1990年に戻ってこられた。

その1990年の北京アジア大会直前。サッカー協会が中華料理店に選手を招き、ごちそうしてくれた。

その席で僕が言う。「ここで激励してくれなくていいですから、代表の報酬の話をしましょう」「1試合いくらですか?」

相手は困惑していた。「大学生もいるからお金は払えない」という。プロはいい技術をみせ、対価をいただく。それをスポーツ界で主張すれば「金にうるさい」と煙たがられた時代だからね。

でも僕は堂々と報酬を求めた。好き放題に正論を言わせてもらいました。協会側は「なんだコイツは」と思ったはず。自分たちが発想すらしないことを言う、奇特な人種。「カズとかいう最近の選手は理解できない」と。ほら、今も昔も同じでしょう?

代表戦の前日に美容師を呼んで髪を切ってもらった。遠征に私服を忍ばせ、最終日の夜は打ち上げへ繰り出した。僕がやり始めた〝奇行〟のいくつかは引き継がれたみたい。「代表のルール、カズさんが作っていませんか」とからかわれもする。

どの世代にも悩みがあり、彼らなりに考え、楽しみ、プレーしていく。たかだか30年や40年で、人間という生き物の本質が変わりはしないと思う。

自分の時代がこうだからと、何かを押しつけるつもりはさらさらない。若い世代にこびを売るつもりもない。この人は、こういう人——。年齢でも世代でもなく、その人そのものを僕はとらえてきた。これから先もそう。どんな世代が、僕らに続いて現れるとしても。

（2019・3・1）

道ができれば人が続く

今季からJリーグは外国人選手を何人でも登録でき、出場もJ1は5人まで可能になった。一流の選手が入ってくることで学ぶものは多い。ただ、何事もメリットとデメリットがある。

EU加盟国内での選手の行き来が自由になったことでイタリアはつまずいたと、昨秋に会ったR・バッジョが嘆いていた。「外国人に頼りすぎたことで、いい若手が育たなくなった」。言われてみれば、日本はGKとセンターフォワード（CF）が「弱点」とされている。そしてJリーグのチームの多くがその両ポジションを外国人に任せている。

どの国のサッカーも手軽に見られて、世界は身近に、垣根も低くなった。人や物が流れ込む現実はもはや止められない。並行するように、世界の様々な場所で挑戦してみたいという日本選手も増えている。であれば日本への入りやすさだけでなく、出て行きやすくする環境づくりも大事だね。

タイやカタールはJリーグの提携国で、それらの国の選手は外国人としてカウントされずに入ってこられる。でも韓国や中国でプレーしてみたい日本選手には、当国の外国人枠の壁がある。現状は一方通行。アジアはもとより、ヨーロッパの国々とも6、7カ国で提携し、行き来を自由にする枠組みがあってもいい。そのためには協会やリーグにより頑張ってもらわないと。

先日、16歳のときにいたジュベントス（ブラジル）時代の先輩と〝再会〟した。発端は、横浜ＦＣのオランダ人選手のもとにきた「カズとジュベントスで一緒だった」という投稿。名前だけではピンとこなかったけど、連絡先を伝えてみると通話アプリに写真が届いた。確かに彼。36年も音信不通だったのに、離れたものがこうして飛び交い、つながる。それほど情報も人も流れ込んでくるわけで。

今は某クラブの副会長らしく、僕に興味を示す。でも結びは「俺が日本で仕事をできる道はないか」。僕に接触してくる人は、どうもみんなつて目当てで……。

ともあれ、道ができれば出てみようとする人が続く。「ブラジルでやる気はあるか？」との打診はちょくちょく来るし、僕もいけるものなら今でもいきたい。広い世界が相手なら、自分を面白いと思ってくれる人に出会うチャンスも増えるのだから。

（２０１９・３・15）

イチローとしての戦い

ヤンキース移籍のあたりからイチローさんの周りとの触れあい方は徐々に変わっていった気がする。背中で見せるというスタンスから、自ら関わるものへと。

周りをシャットアウトしてでも自分に集中したい時代が僕にはあった。試合前泊のホテルではカーテンをテープで貼り、隙間を埋めた。ホテルを出るまで光を入れない、昼も窓は開けない。あるのは静けさのみ。

今はもう、やらないね。暗いもの。でもそんなふうに自分を研ぎ澄ませたいときがイチローさんにもあったと思う。記録と独りで戦う孤独感は強かったはずだ。

今の10代は僕をさほど特別な選手だとは感じていないらしく、接し方がフランクでね。僕が日本サッカーの非常識を常識に変えてきたとしても、世代が離れているだけにリアルには知らない。練習試合では僕の足を削ってくる。「カズさんに何するんだ！」と年配の同僚は怒るけど、僕は特別扱いされない方が好き。むしろ、蹴られたいくらい。

イチローさんに対しても、尊敬の念が強いだけに周りが遠慮する面もあったのでは。

それが程よい距離感に転じていったような。

僕の場合、遠ざけもした周りに支えられていると気付く時を迎えた。称賛や励みを素直に受け止められたというか。つまりは、衰えない人間はいないということなんだ。時の流れとともに成績は確実に落ちる。誰も逃れられない。でもその道すがらで気付くことの方が、大きいかもしれない。

前年の5月から最後の日までやってきた営みが「どの記録より誇れる」とイチローさんは語った。選手登録を外れながらもイチローであり続ける戦いは、並大抵のことではなかっただろう。

僕も前年1年間先発できず、やっと今月23日、2年ぶりに先発出場へたどり着けた。動きのない2年、と思われるかもしれない。でもその間、自分を保ち続けるのは簡単ではなかった。いいときと悪いときとで感情が揺れ動くのが人間。それでも変わらないでいることが、どれだけ大変なことか。イチローさんのこの1年間も同じだったんじゃないだろうか。

あれから、イチローさんにしては長文のメールが届いた。心揺さぶられるその内容を明かすことはしない。胸の内だけで大事にしておきたいものだから。（2019・3・29）

伸びる選手の人柄とは

フィールドのなかは人生の縮図であり、そこには社会がまるごと詰まっている。選手ファーストの監督もいれば自己中心的な「上司」もいて、自分が語るときは延々と説明が長いくせに、人に待たされると「早くしろ」とせかす。いつもテンションが高い選手の隣には、内に秘めるタイプの選手も。全員プロだから前に出たがる人の集まりというわけでもなく、常に一歩引いて物事をとらえる選手もいる。

プレーには人柄が出る。エゴの強い選手はプレーもほぼそのまま。人の失敗には文句と非難を浴びせ続けるのに、自分が失敗したら「おう、悪い悪い」で終わり。ＦＷには「俺が、俺が」が多いかも。おもてなし、という柄ではないね。

人の言うことを素直に聞く選手が伸びるという声もある。伸び盛りの17歳は横浜ＦＣにもいて、僕に言わせれば彼は人柄の「バランス」がいい。謙虚さはなければダメ。でも聞きすぎ・謙虚すぎなのもどうかな。

僕自身はブラジルから戻った後の25歳のころ、人生3度目くらいの飛躍期を迎えた。

グッと伸びるのが自分でも分かった。日本が敗れ続けてきた韓国や北朝鮮を相手に3人を翻弄してサイドを切り裂き、ポスト直撃のシュートで迫る。「あれ？　いつの間にか俺ってアジアで一番トップじゃないか？」。一つ上のステージに上がった、やれる、そうリアルに感じられた。

オフトジャパン初陣となる1992年のアルゼンチン戦。残り9分間ほどで交代した僕はフル出場でないと腹の虫が治まらず、パーティーでオフトを呼び「なぜ代えた」と問い詰めた。「選手を試したかったし、疲れが見えれば代える。それは監督の俺が決める」「疲れだろうが何だろうが、俺が交代させてくれという以外は代えるな。俺を代えられるのは、俺だけだ」

……そんなやつが今いたら、僕が注意するよ。何を言っているんだと。というわけで模範にはなれないけど、向上したいという謙虚さの傍らに、負けるもんかという生意気さも必要なんだ。若いうちはギラギラを宿したプレーをしてくれればいい。バランスの悪い人は年を取っても悪いままが多いけど。

これから伸びてやろうという人たちへ。丸くなりすぎてもよくないよ。「いい子」でいすぎていても。

（2019・4・12）

安易にくくらないで

世界のあちこちで生きてきたからか、どうも元号よりも西暦になじんでいる。２００２年といえば日韓ワールドカップ（Ｗ杯）だし、１９７８年と言われればアルゼンチンＷ杯がすぐ思い浮かぶ。僕がブラジルに渡ったのは１９８２年。それが昭和何年なのかと聞かれると、ピンとこない。

欧州サッカーが携帯一つでいくらでも見られるなんて30年前は想像できなかった。今は昭和のサッカー日本代表もネット動画で追体験できる。30年前に人気だったチェッカーズの歌を我が21歳の長男が口ずさみ、まねて、美容院で「フミヤさんみたいにしてください」と言えちゃう不思議さ。

江戸時代が舞台の小説を読んでいたら概ねこんなやり取りが目に留まった。「筑前から江戸へこの噂が届くのに、１カ月しかかからないんだぜ。このスピードの時代にお前は何をぼやぼやしてんだい」。２５０年前は２５０年前で、前の時代に比べれば気ぜわしく感じていたのかもしれないね。

昔は不便だった、というのは決めつけでね。スマホがあるから、なくなると不便に思うわけで、ない頃は不便と思うはずもなかった。僕がブラジルで過ごした青年時代、昭和初期に移民された方々は言っていた。「便利な時代になったね。日本からの手紙がたった1週間で届くのだから。もう何でもある時代だね」

3カ月遅れて船便で届く日本の雑誌が、有り難い贈り物のように思えた時代。僕もブラジルから手紙を毎日書いていた。楽しみな日課であり、遅いなど感じもしなかった。受け取る人はどう読むだろう、次は何を書こうかな――。日系人の先輩方も、同じようにその1週間を味わっただろう。

世の中が変わっても、人のもの言いはさほど変わらないものだ。それこそ「近ごろの若いやつは」は、紀元前から繰り返されてきたんじゃないかな。「今の選手は」「あの時代は」。そうひとくくりで語られたくはない。おうむ返しで子どもに「まったく令和世代の親は」と言われちゃうよ。何事も、時代ではなく人によりけり。

新人類、モーレツ社員。ゆとりに、さとり。そんなくくりの道具として平成を使うのは、言葉のトリックだよね。僕もベテランなどと安易にくくられることなく、令和を走り抜けたい。

（2019・4・26）

だまされませんよ

「うまい話は信用するな」。ブラジルへ渡る際に言い聞かされて以来、このスタンスが癖になってしまっている。信頼に足る大手銀行から金融商品を提案されても「そんなに利益が出るなら、あなたがすればいいのでは?」と警戒してしまう。不動産業の方に会う度に「僕をだまそうとしていませんか」と応じていたら、「そろそろ信用してくれませんか」とあきれられた。

でも人間は弱いから、選手を悩ませる体の痛みが「完治しますよ」と言葉巧みに持ちかけられれば、尋常でない額であっても僕もだまされてしまうかもね。大事なのは、負ったリスクの責任はすべて自分自身にあるということ。僕が購入したマンションが値崩れしても、売った人は恨めない。誰かのせいにもできない。投資した自分の責任だ。

「生きたカネを使え」とも教えられた。社交の一晩に何十万円も費やしても、そこでの時間や人間関係がより高い価値に転じることがある。思い返せば、人付き合いに関して「使いすぎた」と悔やむ出費は不思議と少ない。ただ、そう振り返られるのは充実した今を送れていればこそだろう。

未来を生み出すものは過去の積み重ねしかなく、過去が未来をつくる。でも僕は逆も真なりと思う。いわば〝未来が過去をつくる〟。貧しく苦しい時期を過ごしても、後に幸福になれれば美談として語られる。昔の手痛い失敗も、今が上々なら笑い話に変わる。一方で輝かしい偉業をなした人でも、あすに事件を起こせば、その過去は一転して灰色に寂れていってしまう。

人の羨む実績や功績などは、僕に言わせれば、すぐ忘れ去られる薄っぺらいものだ。代わりに僕のそばに常にあったのは危機感でしかない。過去が膨らんでいく年ごろになるほど、それを輝かせるのは未来なのだとより強く感じるようになった。だからこそ、あらん限り今を頑張るのだと。

過去が未来を約束するという発想に〝だまされてはいけない〟のかもね。おいしい食べ物はえてして脂肪分やカロリーが高めで害にもなり、「これで天才になれる」とうたう練習法には怪しいにおいがする。何事もうまい話には裏があり、美しい異性にもある種のワナが――。

いや待てよ。女性には、むしろだまされたいね。

（2019・5・10）

南米で闘う厳しさ

僕がブラジルにいた1980年代の南米の人々にとって、コパアメリカ（南米選手権）はともするとワールドカップ（W杯）と同列に重きを置かれる大会だった。南米でのプライドを維持していくために優勝しなければ、というような。

1987年アルゼンチン大会、活躍するマラドーナをブエノスアイレスで目撃した興奮はいまも忘れられない。続く1989年ブラジル大会のセレソンは1994年W杯の骨組みとなった陣容で、2トップがロマーリオとベベトという後のW杯優勝コンビ。

マラカナン競技場で飾った優勝も鮮烈だったけれど、何がすごいかといえば、そのチームと間を置かず、横山謙三監督率いる日本代表が親善試合をしたこと。シュート数はおよそ30本対2本、ハーフラインさえ越えさせてもらえなかった。それでも優勝メンバーと手合わせできて、現地滞在費はあちらの協会持ち。今回参戦する森保ジャパンもまたとない経験ができるよ。

往時は判定にも南米は南米、アラブはアラブといった色があった。露骨な南米ルールみたいなもの。南米開催での南米選手らは本気モードもいいところで、汚いくらい、とにかく激しい。親善試合で来日する南米勢とは、同じようで別物。

1次リーグ突破は、ある意味で2018年のW杯ロシア大会のときより難しいと思う。あの激しさの渦にフワリと乗り込んだら、痛い目に遭うね。ちょっと信じがたい、未体験ワールドを感じられることが大きいよ。

大陸王者を決める大会にはそれぞれご当地色が出る。欧州は欧州、アフリカはアフリカ、南米は南米でハングリー精神丸出し。

先日、横浜FCの22歳が試合でみんなに褒められた。僕は南米ルール風にあえてクギを刺す。「お前、そんなので満足してないよな？　活躍といってもJ2だぞ。満足したら終わりだぞ」。今よりも上にいく、だからきょう、この試合で成功する。このぎらついたマインドは、コパへ向かう久保建英選手にもあるんじゃないかな。

18歳の彼が代表入りできるということは、52歳の僕も入ってOKということ。コンディションが万全なら辞退しなかったんだけどなあ。ともかく南米の地で彼と競演したかったよ。まだまだ上にいけると、僕も自分を疑っていないからね。

（2019・6・7）

外でもまれて強くなる

日本人という目線を離れ、肩入れなしに南米選手権の日本−チリ戦を眺めたとしたら、チリの選手がより「速く」「うまく」みえたんじゃないだろうか。

筋力や有酸素運動のテストなら、日本代表の選手の方が数値はいいかもしれない。チリ代表の多くはオーバー30歳だ。それがピッチ内に限っては、一瞬の出足もボールへ詰め寄る鋭さも、あちらの方が速くなる。

かつて鹿島にジーコがやってきたとき、ベンチプレスをさせると30キログラムしか上げられなかったという。ただ、ことサッカーでのボディーコンタクトとなるとジーコの方が負けなかった。アウトサイドでこすり上げたり、足の裏で球を手なずけ、またいだり。サッカーをするうえでの確かな技術に加え、自分が蹴りやすい蹴り方で蹴るといった色を南米勢は持っている。うまく、強く、楽しいね。

今でこそ減ったらしいけれども、南米のストリートサッカーで育った選手は早くから大人に混じってサッカーをする。大人に吹っ飛ばされ、ケンカもして、何とか負けないすべを探る。無差別でもまれることが、あの頑強さやメンタルの土壌にあると思うんだ。そこには「大人げない」といった日本的配慮はなくてね。僕が小学校を訪問すると、子どもも相手のゲームでもつい本気を出してやっつけちゃうのは、その名残です。

僕自身はサントスやブラジルの田舎で鍛えられたころ、「南米は違う」などと気にしすぎなかったのが良かったのかもしれない。さすがに同世代のとてつもないすごさにはカルチャーショックを受けた。でも現地で一歩ずつ歩んでいるうちに、いつの間にかドリブルが通用し、ぶつかられても飛ばされなくなり、ポルトガル語で相手に詰め寄っていた。南米でもやっていけると思えたのは、「あいつらと俺は一緒だ」と感じ始めたころじゃないかな。

代表が海外の大会に招かれるのは24年前、僕らの時代のアンブロカップがはしりだろう。イングランドに1－2と善戦、得がたい経験がうれしかった。あの時も感じた差は、どれだけ頑張れば埋まるのかと気が遠くなるけれど、それでも南米選手権で戦えるなんてうらやましい。守られている枠の外でもまれることで、普段なら見えないことに気づけるからね。

（2019・6・21）

生き残りたいなら上に

海外へ渡った身として、選手の移籍について思うのは、あちらではサッカーはスポーツでありつつも厳然たるビジネスなんだよね。

まだ日本ではスポーツといえば金銭とは関係ないドラマ、「高校球児による正々堂々たる戦い」といったイメージが先行するかもしれない。でも世界はきれいごとだけでは渡れない。腹を探り合い、弁護士を担ぎ出す大ごとにもなる。

僕がクロアチア・ザグレブから移籍先を探していたとき、なかなか話がまとまらなかった。なぜだろうと代理人に聞くと「ザグレブが約30万ドルの移籍金を要求しているんだ」。移籍金ゼロで手にしたはずの僕に、僕の知らないところで、しれっと設定してくる。さほどに商魂たくましい。

所属するFWが20得点取ったとします。日本なら「あと4年頑張ってくれるとして、元を取るには……」と減価償却的に契約を模索しそうだ。海外は違う。どう値段をつけ、ひともうけするかを考える。選手につくこの値段が上がるほど大事にされ、逆だと、すぐ結果を求められる立場になる。そこは露骨にシビアだと欧州組の選手も言っていた。移籍のしやすい単年契約を求めた選手が途端に干される。出場どころか練習もろくにできないんだって。

Ｊリーグの選手が移籍金ゼロで欧州へ引き抜かれるということは、「０円なら取ってもいいよ」というわけで、Ｊクラブの評価も値段のつかない０円ということにもなるよね。「世界における日本の評価はまだその程度では」という某選手の見方にもうなずける。ブラジルなら、数年後に数十億円へ化けうる商品を０円で手放すなどあり得ない。ひとりの選手に、値段がつけられる。そう認められて、初めて選手が自ら「これだけの待遇がほしい」と言えるようになる。２部や３部では「練習環境をよくしてほしい」といった声をよく聞く。でもね、自分が上にいかない限り、環境なんて良くならないんだ。

居心地がいい、３年契約だからと悠長なことは言わず、「３年以内に一つ階段を上るぞ」くらいの志がないと現役も長く続かなくなるよ。環境を改善してもらうのを夢見るより、自分でその環境へいく。生き残りたいなら、今いる場所を出てでも、上がれるだけ上がらないとね。

（２０１９・７・５）

ジャニーさんの言葉

イタリアのホテルにいる僕のもとへ、一本の電話がかかってきた。1998年、ワールドカップメンバーから落選し、4日ほど日本から離れていたときのことだ。ジャニー喜多川さんが、どうしても話したいことがあるという。

「みんな、カズの味方だから。みんな応援している。心配しなくていい」

自分をコントロールしないといけないよ。そう伝えたかったのだと思う。外れたことへの愚痴、ねたみ、恨み節、「なぜ俺が」などと負の感情に身を委ねてはいけないよ、と。「大丈夫です。記者会見もしっかりやります」と僕は応じた。

一つの言動や振る舞いが、人の心をつかみ、あるいは逆なでし、人生の風向きを変える。経験からよく分かっていたジャニーさんは、僕に道を踏み外してほしくなかったのだろう。

1979年の大人気ドラマ「3年B組金八先生」に乗って、翌年に田原俊彦さんら「たのきんトリオ」がブレークしてからのジャニーズは隆盛一色。ただし見落とされがちだけど、その前の3～4年は鳴かず飛ばず、事務所が傾きかねなかった。芸能の世界は成功物語が華やかに語られはしても、失敗は表に出にくい。でもジャニーさんでさえ、失敗を繰り返し、そこから学んでいたと思う。

感受性を10代の若者と共有できる、思考の柔らかい人だったのだろうね。僕も世代間の溝は感じないたちだけど、ああやってヒットの芽を嗅ぎ分ける感性は持ち合わせていない。

だって僕の兄貴分、30年来の付き合いになるトシさんも見いだされた一人だけど、デビュー初期に歌が得意だったかというと……。レコード愛好家の友達に「これは聴かない方がいいかも」と進言してしまったくらいだから。その人が事務所を支える大スターになる。目の付け所が違うんだね。歌も聴き直してみると、どこか陰のあった演技とコントラストをなす「陽」の味わいがあるというか。

70歳や80歳でも歌い続ける歌手がいる。人知れぬボイストレーニングで喉を鍛えて。僕らも同じだ。キック、ドリブルにトラップ、ボールを意のままに扱うこと。自分が何で身を立てているのか、根本に立ち返らなきゃ。

こう話していると、朝まで歌いたくなってくる。

（2019・7・19）

一流は細部に宿る

マンチェスター・シティに限らず、最近の欧州の強豪は来日して〝ちゃんと〟戦ってくれていると思う。昔のようなバカンス色は薄く、プレシーズンのなかでのベストを見せてくれる。一昔前なら「見る」対象だった、世界の一流。そこには一流を一流たらしめるディテールがあるだろう。

マイアミでのこと。2軒のレストランが並んでいた。外観は目立った違いもなく、メニューも大差はない。なのに、片方はお客でいっぱい、もう片方はガラガラ。

僕もにぎわう方へ行ってみた。やはり空席はない。そこにすかさずマネジャーらしき男性が声をかけてくる。「君は日本人かい？　ＯＫ。ちょっと待って」。言葉巧みに僕らを引き留めると、間を置かずにテーブル席をしつらえてみせた。

2人はここ、5人ならあそこへ。席の動向を把握しながら、頭の中の配置図でパズルを解くようにてきぱき差配していく。客は隣の店ならすぐに座れるのに、彼の存在に誘われるように次から次へ、混雑する方へ引き寄せられる。店を繁盛させる一流の仕事だね。

肝心なのはちょっとした、さりげないものでもある。某知人が譲りものの上着を着ていた。50万円はしそうな品。ところが、ちっともよく見えない。寿司職人でもある彼に僕は言った。「乗せるマグロの赤身がでかけりゃ、すしはうまい、とはならないでしょ。わさびや酢の加減、微妙な握りの具合、目立たない細部も大事でしょう。身だしなみも一緒。合わせる靴やシャツにも気を配らないと、100万円の上着でも台無し」

洋服職人は、裾や丈の0・5センチがスタイル全体のバランスを生かしも殺しもすることを知っている。このコーディネートなら靴のヒールは4センチ、などの心得は僕にもある。そこで3・5センチなら、どんないい靴でも買いません。ピッチでも同じ。ボールをどこに止め、置くかの20センチの差。もう1メートル寄せられるか、判断をコンマ1秒早くできるか。いいサッカーはディテールの積み重ねだ。

日ごろは空席もある会場が、シティが来れば人であふれる。「アクセスが」「開催時刻が」とよく挙げられる言い訳は、質を伴う一流には不問ということだね。僕らも言い訳に逃げず、技と質を磨かないと。

（2019・8・2）

カズのまま死にたい

ブームというものは消費される。飽きられる。甘いあんこがいくら好きでも、3、4個も出されればもうたくさん、という具合に。1993年に開幕したJリーグのフィーバーも、次第に飽きられ、1999年には横浜フリューゲルスの消滅に見舞われた。ずっと続くならブームでなくなるわけだ。

熱しやすく冷めやすいのは人間のさが、万国共通だけど、英国のスポーツ関係者は「日本ほど多様なスポーツに熱狂する国はない」という。普段は目立たないマイナー競技も、五輪で勝った途端に関心の火が燃え上がる。国民性なのかな。

飽きさせず、新鮮さも提供しつつ火を絶やさないことはより難しい。店を出店でき、いっときはやっても、5年繁盛させるのは大変。プロという仕事もそう。

女子ゴルファーの時の人、渋野日向子さんはゴルフを知らない人にも一躍知れ渡った。ただ、本人もフィーバーのサイクルを実感しているんじゃないかな。「スマイリング・シンデレラ」のはずなのに、笑えなくならないか、心配。フィーバーに疲れて「ほっといて」という人もいるから。

僕の場合は「ほっとかないでくれ」だけどね。騒ぎをストレスには感じないし、ファンからの熱に応えるのも役割のうちだから。

夏休みは横浜FCの練習にも数多くファンがきていて、北海道からきてくれた30代女性は熱中症で倒れちゃった。看病され、病院に搬送されて無事回復したのだけど、遠のく意識のなかで「カズ……カズー!」となっていたらしい（持参されたユニホームにサインして後日郵送しました）。飽きるどころか火を燃やし続けてくださる方もいるんだね。

同性にも支持される人は長続きしていく。僕が結婚した時点で興味をそがれた女性はいたかもしれないし、男性はアイドルに理想の女性を重ねる。でも矢沢永吉さんのファンは圧倒的に同性。矢沢さんが69歳になってもコンサートがあれば行き、グッズも買う。疑似的な恋ではなく、生きざまに共感して。

僕もこれだけ同性の方に人生を重ね合わせられると、簡単には死ねないね。現役をやめるのは死ぬとき、かも。「カズ引退」ではなく「カズ死亡」。三浦知良は生きていても、カズは生涯を終えたと。僕としては、カズのまま死にたい。

（2019・8・16）

あなたは理想主義者？

先週、横浜FCと戦った鹿児島は、ボールのよく動く面白いサッカーをしていた。ただ、鹿児島はJ3から昇格したて、片や相手はJ1を目指して選手の量も質もそろえつつある。自分たちを貫いて良さを出そうとすればするほど、1－5の敗戦へ引き込まれるようにもみえた。

日本代表がブラジル代表に正々堂々と力と力の勝負を挑めば、1－5もあり得る。だからまず失点を抑え、耐えて勝機をうかがう作戦が練られもする。これも一つの「正々堂々」。現実と理想の間で自分がどうあるべきか、見定めていくのがプロの生きる道なんだ。

日本のスポーツ界は現実主義者より、理想主義者が多いんじゃないかな。指導者も結果がすべてというスタンスでは物事をあまり語りたがらないような。

松井秀喜さんが高校野球選手権で5連続敬遠をされたとき、「正々堂々と戦え」と相手側への非難が湧いた。でも、これはルールにのっとって堂々とプレーしているし、やましくもない。「逃げるな」というのなら、一塁が空いていても主軸とぶつかったら勝負しなければならないというルールでもつくった方がいい。

柔道なら一本勝ち、大相撲の横綱ならば相手を堂々と受け止め、立ち合いで変化は慎むべし。似た美学がスポーツの根っこにあって、現実を見たいというより、「見たい現実」を見たいというのもあるんだろうね。

日本代表が2018年のワールドカップで先へ進むことを優先し、1次リーグ最終戦の終盤に勝ちにいくことを放棄したときも「みっともない」「それでうれしいか」と物議を醸した。これも理想主義的で、悪いとはいわない。僕もサッカーは美しくあるべしと思っている。でも美しいだけじゃないからこそ、多様なあり方、戦術が生まれる。

学校の先生と、受験に受からせる先生は違う。教育の理想と受験の現実は違うから。同じく、育成で優れた実績があってもプロの監督業では結果を残せない指導者もいる。結果を出さねば自分が職を追われるのだから、育てるも何も、いま使いたい選手を国籍も不慣れも問わずに使う、が監督業の本音。

「彼は戦術にまだ慣れていない」「じっくり育てたいので」。このフレーズで監督が選手を使わぬ理由を説明する時は、怪しいぞと疑ったほうがいいです。（2019・8・30）

僕らは「いま」に懸ける

二十数年前は欧州と日本のサッカーカレンダーがそろっていなくて、日本代表に招集される間もイタリアではリーグ戦が進んでいた。２週間ほどチームを離れて戻ってみると、自分の序列が変わっている。置いていかれる感覚は強かった。

それでも僕にとって代表はケガを隠してでも行くべき場所だった。障害があったとしても、もまれることで選手は大きくもなれる。

欧州組に負担を強いて招集しなくても、別の選手を試す機会にすればとの声もある。でも僕ら選手は、誰かではなく自分がずっと出ていたいんだ。仮に久保建英選手にクラブでの定位置確保を優先させたとして、その間に「もう一人の久保建英」が現れたら？出てこないなんて限らない。すると代表で出番を失いかねないよ。スターも名監督も、誰でも取って代わられうる。自分の代わりなんて世界中にいくらでもいるのだから。僕のすぐ隣には僕の座を狙う次のカズがいる。僕らがしがみつくとしたら、「いま」なんだ。

サントスのジュニアにいたころ、たまたまトップチームと紅白戦をさせてもらった。名も無き試合で僕は活躍し「あのジャポネーゼにもっとやらせろ」と目を掛けてもらえた。目を向けられる可能性がある限り、意味を見いだせなさそうな試合、機会でも全力でやった。いつも目の前のことに懸けてきたし、今もそう。

レベルでは日本より高いとは限らない欧州の2部や3部チームに身を転じる意味を疑問視する人もいる。でも、助っ人として見なされ、評価されることのハードルは日本にいるときのそれとは全く違う。そしてチャンスにつながる「目」には、ヨーロッパにいる方が確実に触れる機会が広がる。

この時代にメンタルの話を持ち出すと敬遠されるかもしれない。思考力や、技術論ほどにはスマートじゃない。でも、もろもろの悪条件を前に「ダメだ」とめげるのか、「またとない経験だ。やるぞ」と思えるのか、その違いは大きいよ。

それにしても20代のころはなぜあんなに無理が利くんだろう。飲んだ後に走り、サウナも行って、翌朝の練習でも平気。へっちゃらと疑いもしなかった。自分でも気付かぬ体力とずぶとさ。今の代表のみんなも若いのだし、多少の悪条件など大丈夫です。

（2019・9・13）

ラグビーに衝撃、発奮

ファイト！　イッパーツ！　ラグビー日本代表応援団のカズです。月並みではありますが、ラグビーワールドカップ（W杯）は見ていて本当に面白い。サッカーだったら全部ファウルじゃないかというくらい、ハードなコンタクトがすごい。

素人の僕はルールを詳しくは知らない。でも、そこが分からなくてもW杯レベルとなると直接的に訴えてくる面白さ、すごみがある。「いいもの」は、楽しまれ方を選ばないというか。

そして速さ、強さだけでなく、身のこなしのしなやかな選手に目を奪われる。漠然とした表現になるけれど、「いい選手」とされる要件はスポーツの別なく普遍なんだなと思う。ニュージーランド代表のボーデン・バレットなどがそう。そのニュージーランドと南アフリカの激突にも興奮しました。バレットのライン際へのキックが、外に出るかと思いきやギリギリでバウンドして内側に戻ってくる。「ああなるように意図して蹴っています」と解説者。本当なの、と驚いてしまう。

「あれだけ激しくぶつかり合っても、判定に文句をいう人がほとんどいない。サッカーと違うね」という知人もいた。確かにサッカーでは文句をいうのが癖になっている選手もいる。突発的な怒りは6秒で静まる、だから6秒辛抱せよ、という説まであるみたい。僕自身は審判に盾突くこともなく、あまり警告をもらわないタイプ。もちろん腹が立つときはあるけど、文句をいったところでどうなるものでもないし、早く次のプレーへ意識を集中したいという気持ちもある。それどころじゃないのね。

考えてみると、サッカーだけじゃないだろうか。人の体で一番器用に使えそうな手を、あえて使わず、足でこなすスポーツは。だからこそ速い人が勝つとも限らず、でかい選手が絶対有利なわけでもない。ジャイアントキリングも起きやすくなる。そんな目で眺めると、また違った面白さが見えてくるのかも。

ラグビーの方々から見て、僕らサッカーは「弱っちい」と思われないか心配。少々のタックルで痛がっていてはだめだね。シーズン終盤、練習の追い込みで疲れてはいても「疲れた」などいっていられない。W杯の激しさに打たれると、自分も強くあらねばという気になります。

(2019・9・27)

指導に必要なもの

その人のもとで仕事をするスタッフが、きまって辞めていく監督がいる。監督自身があまりに夜遅くまで映像を見返すので、分析担当など部下が休めない。期日までに「分析結果を出せ」と命じられ、苦労して出しても監督が「OK」と言うもの以外はダメ。意見を求められ、意と異なる内容だと「おまえは味方じゃないのか」となじられる。長い時間をともにするから、これが続くと壊れてしまう。

でももちろん、有形無形の暴力に頼ることなく選手を動かそうとする監督もいる。例えばミーティングでボールのつなぎ方をこう教える。「このエリアに相手は4人、うちは3人。すると空くのはここだ。そこへボールを運びたい。それには一人ひとりがどうポジショニングを取ればいい?」

選手がこう動けば、ピッチでこういう変化が起こると、順序立てて導いていく。DFへの動き方の指示でもそう。「そこに立つのでは後方に空間ができて、FWに突かれる。君がもう2メートル下に位置を取れば（穴もできず）、味方SBもカバーしなくて済む」。

僕でものみ込みやすい。

　実際は、指示そのままに事は運ばないときもある。でも「つなげ」「守れ」と連呼されるよりよほどいい。それだと、どうつなぐのか、守るのか、分からない。勝負は最後には「頑張り」で決まりもするし、戦う姿勢は競技の根本だけれど、そこに訴える前にきちんとしたものを指導する側が持ち合わせていないと、人はついてこないのだろうね。

　今は選手も博識で、問いかけへの答えを監督が示せないと「この監督は何もない」と見切られてしまう。特に日本人は指導者に「答え」を求めがちだから、監督も大変。でもサッカーの本質は、上からの答えだけにあるわけじゃないよ。

　野球で打者が打った後、一塁にも三塁にも走っていい。たとえればサッカーにはそんなところがある。こっちに動き、あっちにいってもいい。自分による判断の連続だ。指示待ちではやり通せない。

　行動が嫌がらせにあたるかどうかは、された側の受け止め方、互いの信頼関係次第と聞く。銀座のお姉さんによれば「誰に言われたかによります」らしい。判断が難しいよ。

「まだ結婚していないの」と僕が声を掛けたら？　……アウト！


（2019・10・11）

「チームになる」とは

チームプレーの大切さを、ブラジル時代によく聞かされた。「みんなが犠牲を払って助け合うんだ!」。そう呼びかける当人たちが、5分後に平気でケンカを始める。「なぜパスを出さないんだ!」「おまえこそ!」

「俺が、俺が」のエゴ丸出しの人ばかりでなく、一歩、二歩引いて動く人がいることでバランスが保たれているのが、いいチーム。独りで戦うかにみえる個人競技でも、コーチや医療スタッフ、マネジャーもいて、やはり「チーム」になっている。コーチが代わればプレーも影響されるわけで、チームを形成する力みたいなものも問われてくる。

往時のヴェルディ川崎(現東京ヴェルディ)でいうと、チームのために動ける選手がいて、傍らで僕は「自分が良ければよし」という調子だった。「あいつはしょうがない。ゴールを決めるからいい」という寛容さに救われていた存在でね。それぞれ個性がとがっていて、ものの考え方も一緒でなく、ある意味で〝バラバラ〟な集団だけど、「俺たちが一番」というプライドや勝つというゴールへ向かう一点においては一体になれた。

４人でのリレーとなれば陸上短距離でもメダルに手が届くように、コンビネーションや協力となれば日本は強くなれる。この協力する力は災害といった非常時に発揮されてもきた。人が動き、日本というチームとして立ち上がれる力は、誇れる得意技じゃないかな。

ラグビーワールドカップでもこの強みを存分に見ることができた。運営や事務の裏方、スポンサー、応援する人、それぞれが代表の目標を「自分のこと」のようにとらえながら、代表の周りに日本全体でタッグが組まれていく。自分のこととして感じ、関わり、つながり合える力だ。

今の横浜ＦＣにも似た厚みがある。結果が出ているだけに、試合に出る選手と出ない選手はどうしても分かれてくる。出ない組に紅白戦であてがわれるのは、対戦を想定した相手役。本当はアピールしたいんだ。でもやりたいプレーも脇に置き、自分を捨て、役割に応える。これぞ「犠牲を払う」であり、ＯＮＥ ＴＥＡＭだよね。

人が集まって何かを成そうとすれば、力量の違い、区別は生じてくる。平等とも均質とも限らない。でも、チームにはなれるんだ。

（２０１９・10・25）

対話ファーストの勧め

東京五輪のマラソンや競歩の開催地が急遽変更されて波紋を呼んでいる。この件は東京か札幌か、暑さか涼しさか、という問題ではなくて、コミュニケーションの問題だと思うんだ。

中東の陸上世界選手権で棄権者が続出して酷暑が問題視され、日本にとっては2回目の「ドーハの悲劇」のような気もするけど、選手の体を守るための判断も一理ある。ただ、ベストでない条件下で競うのもスポーツの一要素。新しい国立競技場へゴールしたいという日本選手は当然いるし、海外選手には東京も札幌も大差なし、かもしれない。

議論百出だからこそ、意見のやり取りが密であるべきで、今回はその対話が不足していたんじゃないかな。「選手ファースト」とは選手の意に沿って物事を決めることじゃない。話し合う場をきちんと設けることこそが、選手ファースト。

サッカー界でも対話が滞ることはあって、例えば外国人選手枠はリーグから十分に説明されぬまま、撤廃になりかけた。「選手には死活問題。下のカテゴリーほど職にあぶれかねない」と僕も選手会で意見して、日本選手にも配慮された制度に落ち着いたんだ。

選手の声を全部かなえろというのは見当違いで、選手がやりやすいだけのスポーツになるのはよくない。だけど対話を通じ、妥協案を見いだすことはできる。

暑いよりは涼しい方がベターとしても、様々な意見に耳を傾けると「なるほど」とうなずかされる。東京の町並みを走る姿を眺め、東京の五輪を実感したいという観衆の声もしかり。コースをライトアップして夜に開催しては、との案も面白い。輝くビル群を縫って走る、きらびやかで、メトロポリス東京ならではのマラソン。対話を活発にすれば意見に伴われて、解決策につながりそうなアイデアもどんどん出てくるよ。

ささいであってもまめなコミュニケーションを心がけていたいね。先輩・後輩の隔てなく、垣根が低いのがサッカーのいいところ。横浜FC特別指定選手の大学生らは年上の選手でも「○○くん」と気さくに呼ぶ。上が偉いとか、変な忖度なしで率直。風通しのいい方がいいよ。

「俺も『カズくん』でいいぞ。何なら『ズーカー』でも」と言ったんだけど、乗ってこないんだよな。

（2019・11・8）

「次の歴史」への入り口

勝てば13年ぶりにＪ１へ戻れる状況で、リーグ最終戦を迎えようとしている。引き分けても3位の結果次第で望みはつながる。ただ、これぱかりは最後の最後まで分からない。２００７年、Ｊ１浦和は残り2試合で1勝すれば優勝できた。でも鹿島、横浜ＦＣに連敗。以後、Ｊ１を制していない。

ドーハの悲劇もそう。1分前まではワールドカップが目の前にあった。ほんの1分ですよ？

ここで焦っても1ポイントが足されるわけでなく、1ポイント引かれるわけでもない。一戦一戦の積み重ねで僕らは今の場所にいる。チームはそわそわすることなく、「上がれるぞ」と浮足立つ人もいない。練習のムードも、いつも通り。

いつも通りに。これは、物事を積み重ねてきた人だからこそ言える言葉だ。

母親が、いつも通りに息子のお弁当を作る。眠い朝も、寒い夜明けでも。それがどれだけ大変なことか。毎日筋トレに励む、毎日英会話の勉強と格闘する。「いつも通りに」

とは簡単そうな響きと裏腹に、なかなかできることではない。地味な反復が身に染みていてこそ、自然に「いつもの」というスタンスでいられる。

横浜FCというクラブは確実に変わってきている。チームでは大学卒の新人が活躍の場を与えられ、筋トレ室の整備などプレー環境をより良くしようというマインドも生まれている。この先の10年は横浜FCそのものの価値でスポンサーを得て歩んでいく、そんな歴史の第2章へ踏み出す入り口を迎えているんだ。

加入してからの14年間、僕は横浜FCが存続し、少しずつ大きくなるために求められたようなもの。ただ、J1に定着しようとすれば僕のポジション、FWに優れた外国人を据えねば勝てない。速さのある若手も伸ばさないといけない。この先はいい循環を保ちつつ、ノンストップで前だけをみていくべきだ。そこで僕の入り込む隙は小さいだろう。でももちろん、まだまだ終わるつもりはないよ。

もっと大きくなるための次なるフェーズへ。そのためにも、いまこそ絶対にJ1へはい上がらなければいけない。来年、あるいは「次」に、いまよりも良い状況を手にできる保証などないのだから。

夜明け前。チャンスは、つかまなければならない。

（2019・11・22）

悔しい、の先へ行く努力

選手の力だけでなく、経営スタッフや地域、サポーターやスポンサーも含め、横浜FCにかかわるどのピースが欠けてもJ1昇格は達成できなかったと思う。

昨季は昇格プレーオフで敗れ、今季は2位で自動昇格できた。いつもギリギリの戦いばかり。でもそれこそ昇格レース、なんだよね。ギリギリの体験の蓄積がクラブの成長なんだろう。

でも、この喜びはもう終わりにしよう。遠足気分で向かう場ではないのだから。昨季J2で21勝した松本山雅が、今季はJ1でまだ6勝しかできず降格が決まった。前回、横浜FCがJ1に挑んだ12年前も4勝しかできていない。その場に居られる喜びだけでは、そこに居られなくなる。つまり居場所とは勝ち取り続けるべきものなんだ。

いい選手は引き抜かれ、チームが戦力ダウンにさらされる。いい選手が加入したら自分の出番は危うくなる。それがサッカーの常。僕らに安定や定常は与えられない。安泰でいたいのなら、努力が必要になる。

自分自身は先発が2試合、途中出場が1試合しかなく、悔しさしかない。出場機会を大きく減らしたこの2年をみて「もう無理かも」と思う人もいるのだろう。でも僕は「試合に出る」と本気で思っている。そうはならない現実が増えるかもしれない。そこで例えば10分しか出ないから10分間のプレーを想定した練習に減らす、なんて生き方は僕の辞書にはない。取り組んだものの成果が90分だろうが1分だろうが、向き合う姿勢は変えない。そうやってこの1年も歩んできた。

最終戦、残り3分で出場機会を得た。「2～3分なら、何歳だってできるよ」と冷やかされるかな。「温情をかけられた」とかね。でも、毎日努力してそこを目指さないなら、温情ですらも得られない。毎日寝ているだけでは最終戦の一員になる権利はなく、カズという名前であの出番が降ってきたわけじゃない。積み上げ続けたからこそ、あの場に立つ資格も得られたのだから。

「J1に定着します」「また国立に立ちます」。そんな軽々しいことは言えません。でも「J1は大変」で立ち止まりたくはない。出られず悔しい、で終わらせるつもりもないしね。悔しい、の先へ行きたい。

（2019・12・6）

あとがき

この本は日本経済新聞朝刊のスポーツ面に隔週で掲載している「サッカー人として」という僕のコラムをまとめたものだ。気がつくと、かれこれ14年近く続くロングラン・コラムになっている。その時々で自分が感じたことや語ったことを、こうした形で読み返してみると、「こういうこと、あったよな」「そうだったっけ」と懐かしい。

ありがたいことにいろんな人に読んでもらっているみたいで、思いがけない方面で反響を呼んだり、銀座のホステスさんから上々の感想をいただいたりもする。

若い頃は、言葉の意味など深く考えず、思ったことはズバズバと発していた気がする。今は、少しは人の気持ちが分かるようになったというか。みんなが痛みを抱えて生きているわけだから、その痛みをつつく必要はないよな、と思ったりもして。昔は自分に甘かったのが、今は自分にも厳しくできるようになりつつあるのかもね。

最近、英語の勉強を始めたんだ。2019年の2月くらいからかな。

僕は人生でずっと継続してきたことが、サッカーくらいしか思い当たらなくて。ポルトガル語は生活で困らない程度には身についているけれど、それにしたってブラジルで普通に生活するなかで、自然に習得したもの。サッカーしかやってきていない自分が、ほかにも何か、努力の対象になるものがないといけないなと思ってね。これまで後回しにしてしまっていたこと、勉強や英語などにずっと取り組みたいと思っていたんだ。

「ほんとにおれの英会話、上達してんの?」と、我ながら首をかしげるときもある。でもともかく、何でもいいから続けるんだと言い聞かせて、続けている。流し読みしているだけでもいい、英語を聞き流しているだけでもいい、と。

日本で普通に暮らすうえでは、あんまり英会話を使うシーンには巡り合わない。だから知り合いの男の子でも女の子でも、ニューハーフの人でもゲイの人でも、あるいはフィリピンなど英語圏の出身の人をつかまえては、無理やりにでも英語でやりとりするようにしています。通話アプリなどで英語でメッセージを送ると、英語でどしどしメッセージが返ってくる。分からなかったら辞書を引き、何とか頑張ってそれを英語で返信するようにする。面倒くさいときは「Thank you」で終わっちゃうんだけど。

上半身裸の僕の写真を添付して「Do you Like it?」とか送信してみる。「Yes! Love Love Love」などと返ってくる。それっぽい英会話らしく、サマになってくる。面白いよね。そんなささいなものでもいいから、続けることなんですよ。

とにかく寝る前に15分間だけでも、聞き流すだけでもいいから英語を聞く、映画の字幕でもいいから英語に触れる、というようにしている。学んだ会話力を本当に使うときがくるかは分からないけど、努力していたら何かで生きるかもしれないじゃない?

5年後、10年後の自分がどうなっているのか。そういうことをあんまりイメージしたことはない。58歳になっているな、63歳になるんだろうな、という程度。

ただし考えてみると、5年後、10年後も今のこの強度の練習を同じように続けるのはやはり無理かもな、とも思う。練習を続けられたとしても、試合に出るということにつながらなければ意味がない。練習だけやれて試合に出なくていい、ではないからね。出場時間を減らしたこの2年間は、もしかしたらそこがうまくつながっていなかったのかもしれない。2020年はラストチャンスなのかもしれない。そこは分からない。

それでも、目指すところは毎年同じ。試合に出たい。活躍したい。そのために練習をやる。毎日やり続ける。もう、それだけ。

文中でも書いたことだけど、いろいろな方々からその方の人生に重ね合わされ、こうして応援されると、簡単にはやめられなくなるね。引くに引けません。新書のタイトル通りに「やめないよ」「とまらない」ときて、これからますます〝死ねないね〟。いよいよ引退、となったとしても、引退会見じゃなくて「死亡会見」にしたらいいんじゃないかな。「えー、本日はお忙しいなか、カズの死亡会見にお集まりいただきまして誠にありがとうございます……」。でも僕自身はその会見の席上にいるんだ。三浦知良はちゃんと生きている。ただしサッカー選手としてのカズはその日限りで生涯を終えることになる。だから翌日の新聞も「カズ引退」では誤りで、正しくは「カズ死亡」。

願わくば、死ぬまでカズのままでいたい。

2020年1月

三浦知良

三浦知良　1967（昭和42）年静岡県
生まれ。15歳で渡ったブラジルで
プロサッカー選手に。帰国後Ｊリ
ーグで活躍。日本代表で55ゴール。
イタリアやクロアチアでもプレー。
その後、京都、神戸、横浜ＦＣへ。

Ⓢ新潮新書

851

カズのまま死《し》にたい

著　者　三浦知良《みうらかずよし》

2020年２月20日　発行

発行者　佐　藤　隆　信

発行所　株式会社新潮社

〒162-8711　東京都新宿区矢来町71番地
編集部(03)3266-5430　読者係(03)3266-5111
https://www.shinchosha.co.jp

印刷所　株式会社光邦

製本所　株式会社大進堂

ISBN978-4-10-610851-8 C0275